M. L. PROZOR

# La Vie

# et la Souffrance

## SELON LA THÉOSOPHIE

*Suivi d'une Conférence sur l'Art et la Théosophie*

« Ne craignez pas de souffrir : la
clarté de l'enfer même vous révélera
dans la vie, des beautés que vous ne
verrez pas à la lumière de la terre. »

(C. Jinarajadasa).

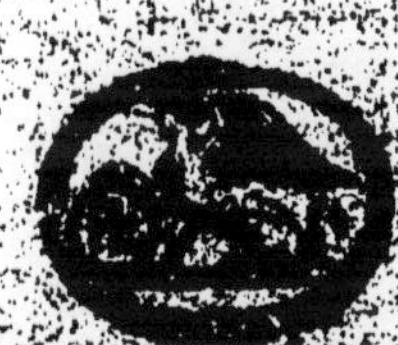

ÉDITIONS RHEA
6, Square Rapp, Paris 7ᵉ
1921

# La Vie et la Souffrance

M. E. PROZOR

# La Vie et la Souffrance

## SELON LA THÉOSOPHIE

*Suivi d'une Conférence sur l'Art et la Théosophie*

> « Ne craignez pas de souffrir : la
> clarté de l'enfer même vous révélera
> dans la vie, des beautés que vous ne
> verriez pas à la lumière de la terre. »
>
> (C. Jinarajadasa).

ÉDITIONS "RHÉA"
4, Square Rapp, Paris 7e
1921

# AVANT-PROPOS

Dans ce volume se trouvent réunies plusieurs conférences dont la plupart s'adressant à un public familiarisé avec les idées de la Théosophie.

Avec la dissertation du chapitre IV, elles forment un tout, intitulé « LA VIE ET LA SOUFFRANCE, selon la Théosophie ».

D'une part, l'on y étudie dans « Comment être malade ? » et « Pourquoi souffrir » la cause et le remède de la souffrance.

D'autre part, la conduite de la vie paraît comprendre :

1° Une hygiène physique, à laquelle se rapporte « Faut-il être végétarien ? »

2° Une hygiène de l'âme qui, dans la lutte actuelle, doit puiser à toutes les sources d'endurance et d'énergie. On en trouvera, je l'espère, quelques-unes dans « Faut-il être américain ? »

3° Une hygiène de l'esprit. Débarrassé d'un excès d'intellectualisme et de routine égoïste, il est temps qu'il reconnaisse le devoir social et le vrai but à atteindre. C'est pourquoi « Faut-il être Tolstoïen ? » a été écrit.

J'ai cru intéresser le lecteur en ajoutant, à la fin du volume, une conférence destinée à une Branche théosophique : « L'Art et la Théosophie ».

A LA PRÉSIDENTE

DE LA

**BRANCHE THÉOSOPHIQUE " AGNI "**

(DE NICE)

# La Vie et la Souffrance

## CHAPITRE PREMIER

—

## FAUT-IL ÊTRE AMÉRICAIN ?

> Le grand homme est celui qui garde dans le monde avec une profonde douceur, l'indépendance de la solitude.
>
> Emerson.

> Je pense qu'il est légitime d'affirmer l'existence d'expériences religieuses et qu'elles conduisent raisonnablement à tenir pour probable l'existence d'un rapport de continuité entre notre conscience et un milieu spirituel plus vaste fermé à l'homme ordinaire.
>
> W. James.

> Le suprême et unique médicament réside dans la santé de l'esprit. Tant que celui-ci n'est pas atteint, la souffrance ne nous atteint pas non plus. Mais on est malade, dès le moment où l'on croit à la matière, au corps et à la souffrance.
>
> M. Baker Eddy.

O toi transcendant,
Sans nom, la fibre et le souffle,
Lumière de la lumière, qui répands les univers,
[toi contre d'eux tous...
Toi fontaine morale, spirituelle — source d'atta-
[chement — réservoir...
Toi pulsation, toi mobile des étoiles, soleils,
[systèmes.
... Vite je me ratatine à la pensée du Dieu,
A moins que, me retournant, je ne t'appelle, ô
[Ame, toi réel Moi.
Et voici que tu maîtrises doucement ces sphères,
Tu confonds le Temps, tu souris contente à la
[Mort.
Et remplis et gonflés à crever l'immensité de
[l'Espace.

W. WHITMAN.


They saw men in khaki coming across the sea
in the spirit of crusaders... reckless because they
had a vision, they had a dream, and fighting
in a dream they turned the whole tide of battle.

Président WILSON.


« Etre Américain ? Français, Italien, Anglais ou
« Russe, natif de la vieille Europe et lui restant
« fidèle, comment me qualifierais-je d'améri-
« cain ? »

« Me conseillez-vous l'émigration, la colonisa-
« tion, l'aventure ? »

« Planter le tabac, semer le blé, élever le porc,
découvrir le filon précieux ; récolter sous toutes

« ses formes dollars et « success » (comme on dit
« là-bas) ; me lancer dans la « vie intense »,
« la spéculation, le rancho, la forêt vierge,
« est-ce à cela que vous me conviez ? Ou
« bien me ferai-je Mormon, Shaker ou « Scien-
« tist » ?

« En vérité, votre question m'intrigue : Faut-il
« être Américain ? »

C'est ainsi que j'entends murmurer devant ce
titre étrange.

Sans doute, la naturalisation américaine est la
seule compatible avec un patriotisme d'origine
et faire peau neuve au nouveau monde, c'est souvent faire esprit neuf dans un monde nouveau.
C'est parfois, après le désespoir et la mort du vieil
homme, une seconde naissance, une résurrection.

Néanmoins, il ne me viendrait pas à l'idée de
conseiller *a priori* ce baptême d'un genre spécial.
Mais tout en restant d'état et de culture, euro-
péens, nous pouvons avec profit nous teinter de
la couleur locale d'un pays magnifique et rajeunir
notre vision un peu routinière et rétrécie, par la
contemplation d'un horizon matériel et moral si
vaste, si neuf.

Américanisme ; idéalisme pratiquè, foi optimiste, puritanisme ; compétition, spéculation for-
cenées ; amour de l'excellent (the best in the
world), du confortable et de l'indépendance ;
horreur de l'idéologie stérile, de la stagnation,
de l'inertie ; recherche de la réalisation tangi-
ble, de l'idée articulée par le corps et les sens ;
curiosité indiscrète, mépris du formalisme et de

l'entregent policé du vieux monde, — voilà quelques-unes des épithètes qui servent couramment à caractériser l'homme du continent nouveau.

Plusieurs d'entre elles, il est vrai, se contredisent. Il jaillit pourtant de leur ensemble, une impression unique : celle d'une *vitalité* supérieure. Elle enrichit tout : le cerveau, le cœur, la bourse. Le richesse, le « wealth » voilà le mot magique !

Cette circulation accélérée du fluide vital est-elle fonction des bonnes institutions du pays, de sa prospérité matérielle, de l'émulation et de l'ascendance religieuse de ses habitants, d'une immigration hardie et pleine d'espérances ?

Oui. Mais il y a plus. Prémices d'un type ethnique nouveau, ce facies, ce complexe psychologique, sont les ébauches de la *race* qui plus tard s'étendra sur la surface du globe.

Dès lors, il n'apparaît plus comme inutile de se familiariser avec le milieu où en naissent les premiers spécimens.

Je ne parlerai pas du concours politique des Etats-Unis, ni de ses principes déterminants, juridiques ou humanitaires.

Un président passe. Les productions de l'artiste, du savant, du moraliste sont toujours là, mêlées à la vie des générations. Et cela est surtout vrai ici. L'Américain a l'horreur du vide. Rencontre t-il quelque pensée originale, il l'accapare, la transmue en valeur marchande, pratique. Constate-t-il une perte d'énergie quelque part, il en cherche la cause et le remède, et les érige aussi

tôt en principes, en philosophie. Entre le concret et
l'abstrait le courant est ininterrompu. Du matin
au soir, nous serons rappelés à une utilisation
complète de nos forces.

Ainsi, c'est dans les détails de la vie que nous
les toucherons de plus près, ces savants, ces moralistes, ces artistes d'outre-mer. Voyez plutôt...

Mais laissez-moi d'abord vous conter l'événement qui me donna l'idée de noter ces impres-
sions.

C'était le soir. Je terminais la lecture d'un livre
(américain). Tout à coup je décidai de m'embar-
quer pour les rivages opposés de l'Atlantique.
Cela se passa dans des conditions extraordinaires
que l'on comprendra par la suite.

Après une rapide traversée, je me trouvai donc
à New-York. Un ami du crû, un « compagnon »,
dirait Walt Whitman, s'offrit à me servir de cicerone (1). Ensemble, nous parcourûmes le continent, nous admirâmes les solutions originales et
topiques que ses habitants ont données à quelques-
uns des problèmes, des aspirations, des tourments
humains.

Ceux-ci, en effet, m'oppressèrent tour à tour,
mon mentor s'étant sans doute proposé de m'i-
nitier à toutes les épreuves possibles du corps et
de l'esprit.

(1) Ce compagnon-guide, ce n'est pas le premier
Américain venu. C'est l'idéaliste averti, familiarisé
avec les manifestations les plus génuines et géniales
de sa race. Il serait ridicule de croire que ses opinions soient partagées et approuvées par tous ses
compatriotes.

C'est cette enquête qui sert de trame à mon récit et les commentaires qui l'émaillent ne sont que les réflexions naturelles qu'elle suggérerait à chacun.

Auto-suggestion. — Commençons. Après une nuit passée dans quelque gigantesque Astoria ou Palace de New-York, occupée à dormir « vite et bien », selon les instructions de mon ami (lequel toutefois n'appartient pas au « Club-des-5 heures-de-sommeil »), (1) j'allais me lever, lorsque mon compagnon m'arrêta :

« Attendez, me dit-il, avant de vous réveiller « tout à fait, pratiquez *l'auto-suggestion* : Impri- « mez dans votre cerveau à l'état passif, des for- « mules comme celles-ci : Aujourd'hui, je réussirai « en tout », « Je suis gai », « je suis fort », « je suis « bien portant », où tout autre affirmation oppor- « tune (2) ».

Culture physique. — Maintenant faites de la culture physique. Sanford Benett conseille de s'y livrer tranquillement, étant encore cou- ché : (3) — Comme bébé au berceau, dit ce vieillard « qui devint jeune à 72 ans », tournez-vous et vous retournez, exerçant chacun de vos muscles sans fatigue aucune (cette méthode est

(1) Appelé : « Suicid-Club ».
(2) Voir p. ex. les ouvrages du Prof. Ebbard, Dr Parkyn et d'autres auteurs sur l'auto-suggestion. (En français).
(3) S. Bennett : « The man who grew young at 72 ».

souvent préférable aux autres systèmes de gymnastique) (1).

TAYLORISME. — Je m'habille.

« — Parmi vos mouvements, vos gestes coutu-
« miers, reprend mon compagnon, vous en faites
« beaucoup d'inutiles et les autres, vous les faites
« mal. Vous perdez ainsi du temps, vous gaspillez
« de l'énergie. Une surveillance de vos *actes*, dans
« le but de les rendre adroits, aisés, *économiques*,
« — mais non hâtifs, — exige un véritable entraî-
« nement : C'est l'art de la vie dynamique. Il déve-
« loppe la maîtrise mentale. Enseigné aux tra-
« vailleurs de tous métiers, aux manœuvres, sur
« une grande échelle, il constitue le système
« très répandu de l'ingénieur Taylor, ou *Taylo-
« risme*.

« Appliqué à la vie quotidienne, il en perfec-
« tionne, en assouplit le mécanisme automatique. »

SYSTÈME DES DEUX REPAS. — *Breakfast* : dé-
« jeuner... « Est-ce bien nécessaire ? remarque
« mon ami. Le fameux Dr. Dewey (2) a inventé
« le No breakfast-plan » (le système des deux re-
« pas quotidiens). Nombreux sont ses adhérents
« et enthousiastes. On travaille mieux. On se
« régénère... Un verre d'eau chaude et... au bu-
« reau. »

(1) Voir la belle revue « Health Culture » et les ouvrages de Macfadden.
(2) Dr DEWEY, Ses ouvrages : En français : *Le jeûne
qui guérit*, traduit par le Dr Grand et « The no
Breakfast plan ».

Self Controle. — Ainsi lesté d'optimisme et le corps agile, je me rends au tabernacle. Arche sainte que ce bureau perfectionné, troué de cases et de tiroirs propres à sauver des minutes — et encore des minutes ! C'est ici le culte du travail. Moralistes, inventeurs, psychologues rivalisent d'efforts pour le rendre plus fervent toujours, plus réfléchi, plus fructueux.

Mon Américain me passe journaux et revues. Des annonces y invitent à suivre des cours de « maîtrise », de concentration, de contrôle cérébral. Accroître sans cesse sa vigueur intellectuelle et gagner de l'empire sur soi et sur les autres, tel est leur objet. Discipline excellente, quand le motif est pur. Mais l'américain adore la liberté : point de limites à son pouvoir, point de morale restrictive et arbitraire. Tout homme a droit au bien-être.

Des partisans de la philosophie « New-Thought » (1) vous conseilleront de vous imaginer voir affluer dans vos mains l'or et la puissance. En vertu des lois occultes de la pensée, disent-ils, votre désir se réalisera. Ils ajoutent il est vrai, que cette pratique de représentations mentales doit servir avant tout, à accroître notre sympathie altruite. Ce matérialisme magique n'en est pas moins dangereux et serait répugnant s'il n'était inspiré que par un esprit de lucre. Mais bien plutôt, il révèle le plaisir qu'éprouve l'homme fort à dompter la matière amorphe, l'euphorie dégagée par le jeu du muscle de sa volonté. De là, sa confiance dans

_________

(1) Voir plus loin. Livres de Atkinson, E. Towne, Ella Wilcox, Trine, Marden.

la réussite, même lorsqu'il échoue, l'insuccès dégradant, car il est le doute. « Le mécontentement, écrit Emerson, est un manque de confiance en soi, c'est une infirmité de la volonté. »

FLETCHERISME. — L'heure du repas sonna. Nous évitâmes « saloons » et bars. Des frénétiques y avalent debout, des mets épicés, sans cesser leur travail, en dépit des avertissements des médecins et des hygiénistes. « Tachyphagie. polyphagie, carnivorisme ruinent la santé » clament les végétariens, nombreux dans ce pays. (Il existe même en Californie des sectes de nuttariens : mangeurs de noix). Le roi de l'alimentation végétale, le Dr. Kellog, trône dans son immense établissement naturiste de Battle Creek, près de Chicago et ses produits spéciaux (« viande de noix », « de céréales », etc...) garnissent la table abstinente où nous nous essayons aujourd'hui.

Ne croyez pas, cependant, que le principe d'utilisation et d'économie des énergies soit ici en défaut. Horace Fletcher, citoyen américain, a créé le *Fletcherisme* dont les pratiquants sont nombreux. Cette méthode consiste à manger peu, lentement, mais à mastiquer à fond. De la sorte, on épuise la valeur nutritive de l'aliment et on en assure une assimilation meilleure. On affine le goût. On réveille l'instinct, uniques et suprêmes maîtres d'hôtel. (1)

(1) La valeur du Fletcherisme a été étudiée par des professeurs tels que Chittenden, Kellog, Haig, etc. Voir Fletcher : The A. B. Z. of our own nutrition. The New Glutton of Epicure.

Relachement. — Des épreuves m'attendaient. Maintenant mon impitoyable cicerone s'apprête a m'initier aux ressources thérapeutiques de son pays, lesquelles sont multiples et multiformes, la santé physique étant la principale condition du travail, partant de la félicité.

— « Comment vous sentez-vous ? Questionne-t-il ?

— Je suis malade, prostré, nerveux.

— « Venez ici. Étendez-vous à l'aise et vous dé-« tendez, muscles et nerfs. Sentez *peser* votre corps « sur la couche. Puis, videz votre cerveau. Chassez-« en pensées et sensations. »

«Prolongez ce repos de 4 à 8 quarts d'heure par « jour : C'est la méthode de relâchement (1) à laquelle de nombreux *business-men* assurent être redevables de leur équilibre mental.

Cures par le jeune. Ensuite mon ami me parla des cures par le jeûne, inventées par le Dr. Dewey, et vantées par ses disciples (2). Ce traitement héroïque « dont on ne meurt pas toujours », assurent ses partisans, — et qui guérit parfois miraculeusement, doit aussi permettre aux forces latentes de la nature de se déployer à l'aise et de reconstruire l'organisme. Ces jeûnes *absolus* sont parfois de 30, 40 jours — et plus.

Il y a aussi le « camping » fort à la mode parmi les surmenés des affaires. Il consiste à se rendre

(1) «Relaxation Méthod. Guérison de la neurasthénie.»
(2) Dewey, *Le jeûne qui guérit*. Dʳˢ Hazzard et d'autres.

en contrée déserte, à y dresser des tentes (très confortables d'ailleurs) et à y jouer au sauvage pendant quelques semaines.

CURES MENTALES. — Après d'autres essais encore de thérapeutiques diverses (ostéopathie, vibrothérapie, chromothérapie) dues aux praticiens nationaux, blasé de leur arsenal curatif, je me tournai vers le *traitement psychique* sous ses formes les plus originales. Je ne parle pas des charlatans, (« healers ») et des exploiteurs « spirituels », mais d'établissements sérieux où l'on me traita de la manière suivante : Je me couchai sur un canapé. Me tenant la main, l'opérateur m'invita à rester « passif » et *sans m'endormir* me transmit tantôt verbalement, tantôt seulement *mentalement* des formules correctives propres à m'inculquer l'idée de santé.

A côté de cette *hétero-suggestion*, on y enseigne aussi l'*auto-suggestion* qui fait du malade son propre médecin (voir plus haut).

D'autres guérisseurs soignent à distance, par la télépathie, le magnétisme, et nous voici proches des cures métaphysiques, philosophiques, religieuses, voire miraculeuses.

Plein de fierté, mon Pylade américain, m'introduit dans les églises de la « New Trought » (Nouvelle pensée) et de la « Christian Science » (Science Chrétienne).

Ce sont des fruits du crû. Leurs doctrines ont été enseignées, il est vrai, en tous temps et pays et par maintes religions et philosophies. Mais l'espri

américain sait l'art d'accommoder les produits
étrangers trop abstraits ou caducs, en plats nationaux, digestes et nutritifs. On dirait que par lui,
l'éther se change en or, le pressentiment en expérience.

NOUVELLE-PENSÉE. — J'eus avec un « nouveau-
penseur » une conversation fort intéressante :

« Votre santé, dit-il, est fonction de votre carac-
« tère, celui-ci l'est de vos idées et ces dernières le
« sont à leur tour, de votre interprétation de la
« vie. »

« Donc, en rectifiant celle-ci, votre mal doit dis-
« paraître. »

— Et dans quel sens la rectifierai-je, mon opinion de la vie ?

— « Notre philosophié éthique, reprend-il, la
« Nouvelle Pensée (1) et ses variantes (« Plus
« haute pensée », « Pensée droite ») vous l'ensei-
gneront :

« Acquérez une attitude optimiste et vous y
« maintenez à tout prix. Nous possédons en nous
« une source inépuisable de force, une âme univer-
« selle (Emerson parle de l' « Over-soul » ) Notre
« état naturel est le bonheur, la santé, le bien-être.
« Tout autre condition dépend d'une habitude vi-
« cieuse de penser, d'une illusion des sens, à la-
« quelle nous nous attachons. Naturaliser, recti-
« fier, hausser la pensée en l'immergeant dans
« cette « conscience cosmique » unité commune
« à tous les hommes, voilà la seule panacée. »

(1) Voir note, page 14.

J'étais un peu troublé. L'imperfection, l'infortune, les entraves humaines, des erreurs, des illusions ?...

SCIENCE CHRÉTIENNE. — Cependant, mon ami m'avait pris par le bras et conduit dans une église. Ce n'est pas ici un temple ordinaire. C'est l'église du Christ : C'est la « Sience Chrétienne », vraie religion de la santé, de l'immortalité, comptant des milliers de fidèles et de docteurs.

— ... Madame vous expliquera.

Charmé, dis-je...

— « Oui, monsieur, » commença en effet cette « fidèle « scientiste », n'est-ce pas un instinct « constant qui pousse l'homme à donner une « forme cultuelle et sociale à sa foi, lorsque celle-« ci s'impose à lui comme une révélation origi-« nale ? »

« C'est ce qu'a fait Mss. Baker Eddy en fondant « son église et sa doctrine. »

« Croyez au pouvoir du Christ, présent en cha-« cun de nous, prêcha-t-elle. « *Croyez* que cette « *croyance*, liée à une interprétation juste de l'Evan-« gile, suffit à éliminer le mal, la souffrance, la « maladie, choses inexistantes, parce que incompa-« tibles avec l'état spirituel qui est essentiellement « le nôtre. Vivons dans cette patrie véritable. « Alors, par la prière, comme Jésus nous pour-« rons guérir la maladie, grâce à la puissance de « l'esprit du Christ qui est en nous, qui *est nous*. « La maladie manifestement épure l'âme. Inver-« sement, en traitant l'âme, on supprime le mal, on « supprimera la mort. Car *la mort c'est le vice*. »

— « Oui, Monsieur », termina mon interlocutrice, *la matière est illusion. (1)*

MIRACLES. — Hélas ! Cures physiques et psychiques n'avaient réussi durant ce jour sans égal, qu'à me rendre incurable.

Sceptique et sans espoir, je cheminais aux côtés de mon inlassable compagnon.

— Eh bien ? lui dis-je...

— « Keep smiling » (2) me répondit-il... « Allons chez les thaumaturges. »

Il y en eut d'illustres dans ce pays :

*Schlatter,* ce prophète itinérant, qni faillit il y a quelques années, révolutionner le Colorado, par ses guérisons miraculeuses de Denver, où des trains spéciaux déposaient tous les jours, des impotents et des paralytiques dont plusieurs, après une seule imposition des mains de cet homme pur, s'en retournaient guéris. (3)

*Le « Soleil des Soleils* (alias Dr. Teed), autre illuminé guérisseur, fonda avec sa secte (Koreshiens), une Société financière et une colonie communiste encore prospère, en Floride.

Car au pays de l'or, rien ne se fait sans ce pré-

(1) Voir : M. BAKER EDDY, *Science et Santé* et *Clef des Ecritures.*

(2) « Gardez le sourire ». Il y a des « Keep smiling centres », groupes d'optimistes militants.

(3) Les journaux rapportèrent plusieurs guérisons fameuses : celle du général Test, du Dr Kelthey, de M. Sutherland, haut fonctionnaire de l'Union Pacific Ray, etc... Cf. Saints et initiés modernes, par J. Finot.

cieux métal. La spéculation commerciale et in-
dustrielle accompagne, encadre la spéculation de
la pensée et de l'esprit. Elle transmue, elle finance
l'idéal.

Est-ce regrettable ? Pas toujours.

Voyez *Dowie*, autre « Élie II ou III », brasseur
d'affaire, mystique, moraliste, qui réussit, grâce à
ses cures retentissantes et à son don d'éloquence, à
fonder à Chicago, *l'Église de Sion*, et à la doubler
d'une véritable religion des affaires ou *Dovisme*,
en achetant aux environs, un terrain que coloni-
sèrent ses adeptes (1), et en y créant des cités, des
fabriques, des usines, des exploitations agricoles
d'où tabac, boissons alcooliques, théâtre, dissipa-
tions étaient bannis.

De cet étrange cumul de la foi et de l'intérêt (2)
résulte parfois un gain moral et national incon-
testables.

Et combien de petits prophètes fonctionnent
encore à côté des divers instituts de télépathie, de
« mental » et de « divine cure » :

Voies imprévues de la nature est du destin : La
force vitale est immanente et conservatrice. Il lui
faut des canaux pour nous atteindre et nous guérir.

---

(1) Parmi ceux-ci se trouvent entre autres M. Bar-
mard, chef de la Banque Nationale de Chicago dont la
fille fut sauvée miraculeusement.

(2) Dowie avait inventé une machine enregistrant
les demandes d'intercession divine qui lui étaient
adressées. Le client recevait un ticket portant ces
mots : « Prié le 10 mars à 4 heures » John Dowie. Il
priait aussi téléphoniquement.

Qu'ils soient purs, ou indignes, il n'importe !

A l'heure voulue, la Loi agit à travers ces véhicules magnétiques, nous dispensant le bien mérité.

Alors, c'est le miracle, phénomène *neuro-plastique* tout naturel bien qu'accéléré, subit, inattendu. C'est ainsi, apprenez-le, que je recouvrai ma santé.

Mais ce commerce avec l'infini a éveillé ma fibre religieuse.

— Je veux voir, dis-je à mon guide, quelle expression concrète vos compatriotes mystiques donnent ici à leur foi.

MORMONS. — Nous voici roulant à travers les terres de l'Union, vers l'Ouest, vers.l'*Utah*.

Là, vivent les *Mormons*

On connaît leur histoire :

Joe Smith déclare vers 1840, avoir découvert en songe une annexe à la Bible.

Ce livre qu'il produit, devient sacré et il fonde d'après sa révélation, la secte Mormone que son successeur Brigham Young établit définitivement près de Salt Lake. Douze apôtres, une soixantaine de patriarches, une hiérarchie ecclésiastique en forment le gouvernement, tout théocratique. Sa constitution est communiste. Nous voyons défiler des villes, des villages, des champs, des usines, des fabriques...

Conformément aux mœurs patriarcales, les Mormons sont polygames. Leur dicipline morale et rituelle paraît être sévère e . nous admirons cette civilisation fraternelle et religieuse qu'ils ont su créer sur une assez grande échelle (les Mormons sont plus de 100.000).

Les *Quakers et les Shakers* (trembleurs) ont fait quelque chose d'analogue.

Les premiers guidés par Penn se fixèrent dans un état, appelé d'après lui, Pensylvanie.

Les seconds, conduits au xviii° siècle par leur « mère » Anna Lee et venant d'Angleterre, ont fondé plusieurs colonies en Amérique du Nord ; ils pratiquent la communauté des biens, la vie pure, un culte auquel la glossolalie et la danse donnent un caractère pittoresque.

Les *Doukhobors* chassés de Russie ont, eux aussi, réalisé leur idéal de vie chrétienne sur cette terre de la tolérance.

Car ici on peut incarner ses aspirations, et même ses utopies. Car ici, il y a respect, enthousiasme, espace et argent, (et ne croyez pas qu'il soit toujours mal employé). Ici, on bâtit des villes, des consciences, des humanités ; c'est ici le royaume de l'intelligence. Elle conquiert la nature, elle subjugue et façonne à sa volonté, et à son image, la matière inerte.

Ici on ose ; on ose se fourvoyer, se perdre et se sauver !

THÉOSOPHIE. — Enfin la Théosophie : Que devient-elle sur ce continent ? La société théosophique qui se constitua en 1875, à New-York, possède une colonie en Californie, *Crotona*.

D'autre part, une américaine Mrs Tingley, se séparant de la S. T. d'Adyar, a fondé la « Theosophical Universal Brotherhood (« Fraternité uni-

verselle théosophique ») dont le Quartier général
se trouve à Point-Loma (en Californie) C'est un
Eden : Cités-jardins, temples, ateliers, écoles,
Université, institut de Yoga (culture psychique),
théâtres grecs, Eurythmies, tout cela a pour objet
le développement complet, et harmonieux de
l'homme et cherche à lui assurer des rapports parfaitement amènes avec ses semblables. (1)

Oh ! jouissance chaste ! Bonheur passif de se
laisser pénétrer par la nature !

Nous quittons les sphères de l'entendement et
de la haute sagesse pour nous livrer à la contemplation pure.

Chose extraordinaire, digne de la patrie de Coo-
per, de M. Twain et de Jack London, nous sillon-
nons cet immense continent en l'espace de quelques heures. Nous bondissons des confins du
Mexique aux glaces de l'Alaska, de la pacifique
Californie aux bouches du Mississipi. Nous tra-
versons les Montagnes Rocheuses, les steppes du
Colorado, le Yellowstone Park, le Clondyke, nous
apercevons les champs sans fin du Canada, nous
pénétrons dans des villes, les unes âgées seulement de quelques mois, les autres métropoles
géantes et fébriles : San Francisco, Saint-Louis,
Saint-Paul, Chicago (dite « Porcopolis »), Nouvelle-
Orléans, Washington, Philadelphie ; nous comp-
tons des têtes d'hommes et de bétail par millions,
des blancs, des noirs, des rouges, des jaunes ;
scandinaves, russes, germains, anglais, français,

_______

(1) La T. U. B. compte aussi des membres en Europe.

espagnols, chinois, peaux-rouges.. Enfin après avoir longé, descendu, remonté des lacs, des chutes, des rapides, nous nous retrouvons enfin dans l'appartement de l'hôtel luxueux qu'intrépides et ignorants, nous quittâmes à l'aube ; *revoici* New-York !

Je réfléchis : Il y a là une patrie. Ces populations n'y sont pas attachées par une racine atavique, une tradition, un jeu de subconscient. Ils l'ont élue de leur propre volonté, — ils se sont solidarisés délibéremment avec leurs frères de « l'Union ». Et cette Union est libre. Cette nation est une syntèse, un produit de l'art, l'enfantement de ce qui, dans l'homme, est sa faculté maîtresse, le sang de son âme : la création. Etats prestigieux ! Je veux tâter votre pouls à l'endroit où affleure ce sang impétueux. Et cet endroit, c'est le génie, c'est l'art.

Mon inséparable compagnon a prévenu mon désir. A portée de ma main et de mon fauteuil, je trouve des livres.

PHILOSOPHIE. — Voici *William James*, professeur à l'Université de Harvard, champion du pragmatisme, (1) qui me parle de « nouvelles zones d'existence », d'« une autre sorte de bonheur, de puissance », d'« un monde dans lequel tout va bien »... Quelle détente après le corset de force et d'ennui de la philosophie d'Ecole de voir ces pro-

(1) Voir W. JAMES, *Philosophie de l'expérience, l'expérience religieuse, la volonté de croire*. Cette philosophie est également importée d'Europe.

cédés d'« intériorisation », d'exploration de régions insoupçonnées de la conscience, de voir l'expérience religieuse, intuitive et vitale servir de bases à la recherche scientifique de la vérité !

Voici *Emerson*, l'ardent individualiste. Qu'explique sa philosophie ? la vie quotidienne. Qu'enseigne sa morale ? A être soi. Quel est son héros ? l'homme. En lui, il découvre une âme altière et noble, franche et douce : une « âme suprême ».

Tout l'optimisme, le panthéisme, la foi dans la dignité de l'être vivant, toutes ces fleurs que nous récoltâmes dans les champs divers de l'Amérique, nous les retrouvons ici, concentrés en phrases incisives, sentencieuses, aphoristiques, jets de lumières subits et transcendants.

POÈTES. — Et voici des poètes : Les larges cadences ondulées d'un *Longfellow*, la métrique, la phonétique prodigieuses d'un *Edgar Poe*.

Et voici *Walt Whitman*, le héraut, le prophète du XIX° siècle, microcosme des Etats-Unis, Homère du nouveau monde et des âges nouveaux.

Ce poète épique, lyrique, philosophique tout à la fois, a écrit un livre incomparable. (1) Il y chante son « moi ». Mais son « moi est », dit-il lui-même, « un cosmos », le « compagnon », l'ami protée de tous les êtres. Il chante son pays : Mais les Etats-Unis sont le symbole de la « démocratie » et le modèle des peuples unis. Il chante l'Univers : les occupations, les sites, les joies et les douleurs.

_______________

(1) W. WHITMAN : voir ses œuvres, traduction française, (éd. de la *Nouvelle Revue Française*).

Il est partout: à New-York, à Calcutta, à Londres,
à Moscou, au Cap, à Rome... Mais remontant le
cours des âges, il chante aussi l'histoire : L'Inde
antique ( voir : « Passage vers l'Inde » ), la pré-
histoire, (voir : « Passage vers plus que l'Inde »),
l'immémorial, le plan divin.

Des pages, des pages, des mots heurtés, assy-
métriques, sans loi ni syntaxe, anglais, français,
espagnols, indiens. Je suis anéanti. Ce géant a
des muscles à la Michel Ange.

Alan Seeger. — Cependant quelque chose me
manque, quelque chose d'actuel, de vivace, de
patent. La guerre a passé, morbleu ! « Les intrépides, la fleur, l'élite, non plus poussés par le
désir du négoce, de la possession... dont le centre
est le moi égoïste »... mais « soulevés par la puissance qui force la mer à affluer toujours et à re-
fluer.. Superbes de la beauté des choses cosmiques ».
C'est eux que je veux entendre.

Qui parle ainsi ? C'est Alan Seeger, le soldat —
et voici ses Lettres et ses Poèmes (1).

Plus haut que le travailleur, le philosophe et
l'écrivain et plus vivant qu'eux tous — voici le
guerrier mort.

(1) Engagé dès août 1914 dans la Légion, ce jeune
Américain de 26 ans combattit en France et tomba en
1916. « Ceci est la suprême expérience », écrit-il à un
ami, la veille. Son poème *Champagne* et son Ode à la
Mémoire des volontaires américains furent récités par
Mⁿᵉ Weber et M. Sylvain à la Comédie Française.
Voir Alan Seeger : *Lettres et poèmes* (trad. fran-
çaise).

Il fût devenu l'un des premiers poètes de son pays. Mais « pour que d'autres générations puissent – dans les ans à venir, libres de l'opprobre et de la menace, posséder un plus riche héritage de bonheur, il marcha à cet héroïque martyre » (Poèmes).

Telle qu'elle nous reste, son « âme lyrique » exalte l'esprit de quiconque vibre à ses chants.

Mais, honteux de parler à sa place et tout à fait de l'avis de ceux qui disent : « Les tièdes qui, sans saigner, ou lutter, ou pleurer, ont traversé les ans de guerre, qu'ils soient anathèmes ! » — je transcris ici quelques phrases de ce jeune auteur, tout animées de l'« élan vital » qui soulève sa race :

« Il y a cette autorité, écrivait-il à sa sœur, de « celui qui... aux barrières de la mort a vu sa vie « d'un coup d'œil que l'on ne peut avoir que de cet « angle. C'est pourquoi écoutez mon avis : Si « jamais vous vous trouvez tout à coup dévorée « par la passion divine, consultez seulement votre « cœur. Possédée par la force qui retient les étoiles « dans leurs orbites, vous ne pouvez pas vous « tromper... car l'amour est un Soleil de la vie. « L'âme qui s'en approche est resplendissante « comme Vénus dont les rayons tant elle est « proche, ne sont jamais vus seuls, mais unis à « ceux du soleil. Les êtres vivants qui nient cela « sont comme Neptune ou ces planètes mortes « encore plus éloignées s'il est possible, errant en « cercle dans les sphères froides, sans verdure, « sans chaleur, sans vie ». (Lettre à sa sœur)

Et ailleurs :

« Terre chérie... entends ceci qui est ma prière
« naïve... je ne demande rien autre que d'être réin-
« carné pour suivre à nouveau mon chemin, errer
« encore enfant à travers le jardin merveilleux et,
« entrant dans le royaume doré de l'adolescence,
« voyager en pèlerin à travers les joies complètes
« que j'ai savourées, encore qu'à peine goûtées ici-
« bas. » (Poèmes)

Et ceci :

«Amis ou ennemis. Une seule chose doit compter,
« après tout : nous avons combattu »... — « au-
« dessus du bien comme du mal, nous avons tué
« et brûlé parce que la nature évoluant le voulait
« ainsi... Et ce fut notre fierté d'être les instru-
« ments du destin. Un puissant drame fut écrit par
« la main qui peupla la terre et les cieux... et tout
« ce qui possède la raison comprit que ce drame
« devait être réalisé,... nous abandonnant à la
« main du Maître... nous le jouâmes entièrement
et tel que l'auteur l'avait conçu. — (Poèmes)

Et enfin :

« J'ai un rendez-vous avec la mort, à minuit dans
« quelque ville en flammes, lorsque le printemps
« cette année repartira vers le nord. Je suis fidèle
« à la parole donnée et ne manquerai pas à ce ren-
« dez-vous ». (Fin d'un poème)

Et, fidèle, il le fut en effet... Las, je feuillette encore
quelques livres. Puis je ferme les yeux. Je vois surgir
des visions plastiques, des tableaux (Whistler,
Sargent, Saint-Gaudens). De la musique ? Pour en
entendre quelques sons, je colle mon oreille au
récepteur d'un phonographe de chambre par le-

quel me parviennent les échos de l'opéra donné ce soir au *Métropolitan*.

Enfin toute mon inoubliable journée redéroule son film sous mes paupières closes : Des noms me reviennent : Taylor, Fletcher, Kellog, Nouvelle pensée, Science chrétienne, Universal Brotherhood, Mormons, Shakers, Schlatter ; médecins, mages, moralistes, prophètes ; James, Emerson, Poe, Whitman ; poètes et philosophes ; Seeger, le héros ! Et que de gens, de choses remarquables n'ai-je pas passés sous silence : Trusts, usines monstres, Bethléem, (le Creusot américain) socialistes, féministes, pédagogues, sports, inventeurs, savants, philanthropes, journalistes, milliardaires. Mais vous connaissez ces choses et ces hommes... moi je suis fatigué par ma randonnée ! Mes idées s'embrouillent et... je m'éveille.

Tout cela n'était qu'un rêve !

Rêve documenté, certes, qui vaut un voyage. Rêve tonifiant ! Voici un rais de soleil et je crois apercevoir un reflet du Phare de la liberté, veillant à l'entrée du port de New-York, je vois briller l'étoile du matin et je me l'imagine détachée du drapeau de l'Amérique.

Bonne étoile assurément. « Allons » ! pleins de vaillance rajeunie, commençons la nouvelle journée. « Allons ! » chante Walt Whitman, car « il est prévu dans l'essence des choses que de tout succès goûté... surgira quelque chose pour rendre nécessaire un plus grand effort. » Et ce sera ce mot français du poète, ce mot favori que nous garderons vibrant sur nos lèvres : « Allons » !

## CHAPITRE II

—

## FAUT-IL ÊTRE TOLSTOIEN ?

Telle situation paraissant sans issue ne l'est plus si tu te rappelles que tu n'es pas un être matériel et temporaire, mais la manifestation de la substance éternelle.

Au moment où j'ai commencé à douter de la réalité du monde matériel, je me suis *éveillé* et celui-ci a perdu pour moi sa valeur.

Si les prédictions de Marx s'accomplissaient, il n'en résulterait qu'un déplacement du despotisme. Actuellement ce sont les capitalistes qui dominent, mais alors ce seraient les ouvriers et leurs représentants.

Il n'y a point de secte ni d'enseignement Tolstoïens, il n'y a qu'un seul et unique enseignement celui de la vérité, enseignement universel et éternel, si nettement exposé dans les Evangiles... Cet enseignement invite l'homme à se reconnaître fils de Dieu... Dès que l'homme s'est assimilé cet enseignement, il entre en communion libre avec Dieu et n'a plus rien à demander à personne.

(*Journal intime.* — TOLSTOÏ).

Jadis Socrate fut condamné pour avoir corrompu la jeunesse de sa patrie. Les philosophes, Rousseau surtout, ont été jugés responsables de la terreur jacobine. Dans le même sens, les réformateurs ie sont sans doute des guerres de religions et le Christ de la Sainte Inquisition ?

Une certaine opinion accuse aujourd'hui le comte Léon Tolstoï dé crimes analogues : Il aurait perdu son pays. Cependant celui-ci était déjà rongé et la crise présente est l'aboutissement d'une incubation prolongée.

Avont de le décréter de mort, ce grand pays, attendons la fin de sa fièvre. Tolstoï ne fit-il rien pour en prévenir la violence ? Appela-t-il vraiment la révolution ? Ses lecteurs répondront. Il prêcha le don, la douceur, la non-résistance au mal. Qu'on lise ses appels aux dirigeants, aux puissants (1), les exhortant avec l'accent le plus pathétique peut-être qui ait jamais enflammé un discours, de donner volontairement ce que la force leur arrache aujourd'hui. C'est là le cri qui veut conjurer le mal, non le provoquer.

Mais je ne me propose pas de réhabiliter cet homme célèbre, ni de vous exposer sa doctrine et sa vie. Cela demanderait des heures et des pages.

De sa personnalité, je me bornerai à dire qu'elle est triple : il y a en elle l'écrivain, l'homme et l'apôtre.

Tolstoï artiste, auteur d'Anna Karénine, de Guerre et Paix, de la Puissance des Ténèbres, etc.,

(1) Voir ses brochures et lettres ouvertes.

est classé par la critique, goûté par le public, par ceux même qui désapprouvent l'homme et l'apôtre. Car l'homme évolua rapidement. De jouisseur et brillant officier, il se fit moraliste, reniant ses œuvres, enrôlant son talent au service de Dieu.

Et l'apôtre naît : apôtre du *Père* seul, comme il dit, du déisme le plus pur, d'une vie chrétienne rigoureuse : C'est le fondateur du Tolstoïsme.

Etre Tolstoïen : Qu'est-ce ? Le sera-t-on ? Et comment ?

Je crois qu'il n'est pas indispensable d'avoir lu Tolstoï pour être Tolstoïen, non plus que Marx et Proudhon pour être socialiste ou les Pères de l'Eglise pour être chrétien. Les règles morales du penseur russe sont simples et bien connues : Foi libre, non-résistance au mal, partage des biens, vie chaste, végétarisme. Est-il nécessaire d'en savoir beaucoup plus. C'est l'idéal suprême de chacun. On s'engage sur ses sentiers avec plus ou moins de résolution. Ou l'on se contente de diriger vers lui un regard nostalgique.

Les disciples fervents du maître se groupent en sectes, en colonies. Il y en a en Russie, (1), en Suisse, en Amérique.

Pour les autres, les non-militants, désireux toutefois de goûter plus directement à l'elixir de la parole Tolstoïenne, en voici une essence très concentrée et forcément imparfaite :

_______

(1) Le génie de Tolstoï n'a fait que canaliser les rêves et les croyances des sectes existantes en Russie, en leur donnant des bases philosophiques et une portée morale universelle.

1. Le royaume des cieux est en nous (1). Tout le reste, la matière, ses limites, les contingences, est illusion.

2. Nous devons instaurer le royaume de Dieu sur la Terre, faire *Sa* volonté. Il n'y a qu'une voie: le perfectionnement moral. L'Evangile nous l'indique. Notre conscience et notre raison seront nos seuls maîtres. Eglises, cultes, lois les encombrent et les faussent. Nous n'en avons nul besoin.

3. L'amour du prochain étant le premier commandement, nous le pratiquerons sans concessions ni égards aux préjugés, aux usages, aux barières de classes et de rangs. Nous abattrons celles-ci, supprimant en même temps — et c'est le premier devoir — les causes morales de l'inégalité et de l'iniquité. Il importe d'agir soi-même, de commencer de suite.

Ce zèle pratique est le sceau distinctif de la doctrine tolstoïenne.

(Il fleurit dans un pays qui ne pêche pas — on le sait — par excès de sens réaliste. Mais le fait est connu: N'est-ce pas la positive Angleterre qui offrit les prémisses de la poésie romantique ? C'est aux Etats-Unis que les « Scientistes chrétiens » nient aujourd'hui, l'existence même de la matière).

Mais suivons ce nouveau Jérémie dans sa chasse au vice. Son scalpel débride toutes les plaies: les pouvoirs, les cultes, la science et l'art sont traqués. Leurs oripeaux tombent. Ils sont à nu: On voit la politique — l'ambition des élites ; l'église — fétichisme et imposture ; la science — domes-

(1) Voir l'ouvrage : *Le salut est en nous.*

tique du vice ; l'art — bouffon des fainéants ; la bienfaisance — remords travesti ; on voit tous ces fantoches se cacher honteux sous leurs manteaux d'hypocrisie. Et Tolstoï clame : retournez à la Terre, renoncez à la richesse, ne dominez plus. Soyez frères. Servez-vous vous-mêmes. Excercez l'art, la science qui n'ont qu'un but : unir les hommes. Refusez d'être les associés des bourreaux sociaux politiques et militaires. (1)

Incarnez votre idée ; pratiquez. Devenez fils de Dieu, chacun de vous.

(Comme Renan, Tolstoï ne croyait pas à la divinité de Jésus-Christ, comme J. J. Rousseau, Platon, Ruskin il honnissait « l'art pour l'art. »)

Nous avons suivi en pensée notre moraliste. Le suivrons-nous en fait ? Et jusqu'où ?

Cela dépendra de nos tempéraments. Il y a trois espèces de tempéraments : Les négatifs, les positifs et les neutres.

Le négatif souvent instable, en quête d'un mentor moral, se laissera volontiers conduire, imitera son modèle, embrassera ses vues d'enthousiasme.

Ce sera le Tolstoïen absolu.

Le positif au contraire, *éveillé* par le verbe du Maître, adoptera, mais adaptera ce qu'il contient de vérité constante et risquera moins de s'approprier les éléments personnels de ses plaidoyers et les défauts dûs à la nationalité et aux attaches particulières de l'auteur. Le positif sera *Tolstoïsant.*

(1) Voir ses ouvrages : *Résurrection, Que faire ? Qu'est-ce que l'Art. Les Évangiles, La vraie vie, Mes mémoires,* etc.

Quant au neutre, c'est l'homme objectif, impartial, pesant, jugeant les chose sans y participer.

Il est savant, critique ou artiste. Il verra la beauté, le sens historique de Tolstoï et de son œuvre, il soutiendra même peut-être celle-ci, mais son caractère ne le poussera pas à modifier ses opinions et sa vie personnelles. Il restera uniquement l'admirateur du philosophe russe (1).

Ces trois opinions sont respectables et sympathiques à notre écrivain. Quant à l'attitude qui est celle non plus du négatif, mais du *négateur*, elle me paraît un malentendu nuisible : Je parle de la Tolstoïphobie. Etre anti-Tolstoïen c'est nier l'idéal inné de chacun ou se mettre obstinément des œillères bien fragiles. Car qui ne voit que cet idéal est aujourd'hui l'étoile polaire de l'humanité ? D'aucuns remarquent : C'est vrai, mais ce n'est pas à dire. A ce titre, les choses vraies risqueraient de s'atrophier sous le boisseau Il n'est qu'une chose mauvaise : c'est de les dire mal ou sans y croire. Et ce n'est pas le cas, — nous venons de le voir — pour l'homme et l'écrivain dont nous nous occupons.

Ne nous cachons pas ses défauts. Ce sont ceux de ses qualités et de sa race. Réagissant contre

(1) On sait que Tolstoï, au cours de sa vie, eut à plusieurs reprises l'intention de quitter sa famille qui ne partageait pas entièrement ses idées, pour aller vivre de son travail dans la pauvreté. Il ne mit son projet à exécution qu'à 82 ans. Le froid l'ayant saisi, il mourut quelques jours plus tard d'une fluxion de poitrine dans la petite chambre du chef d'une gare de campagne.

ceux-ci, il tomba dans ceux-là. Sa logique parfois glisse au sophisme, son intransigeance à l'aveugle ment. Malgré ses efforts vers la mesure et la pratique, il reste *idéologue* (« cette vermine », disait Napoléon.)

Mais plusieurs de ces travers, il les partage avec les plus grands bergers de l'âme : les prophètes, Socrate, Rousseau, Hugo, Ibsen, Ruskin auxquels seuls il est comparable, et dès lors, le critique ressemble au roquet devant le lion.

Rappelons-nous aussi que le sol slave, nourricier de Tolstoï, est aux confins de l'Orient. Un des filons de haute spiritualité partant de là-bas, affleure dans le cerveau du philosophe de Iasnaïa Poliana et son génie inconsciemment s'efforce de l'adapter à notre mentalité occidentale.

De l'autre côté du chevet de notre continent se tient l'Amérique. Amérique — Russie ! pays opposés, mais non sans analogies : Jeunes tous deux, parmi les plus étendus du globe, une face à l'occident, l'autre à l'Orient, ils sont peuplés de sectes innombrables, souvent troublantes, animées d'un idéalisme naïf et parfois extrême. Dans les pages de notre auteur, on trouve presque les mêmes expressions que dans celles des livres de Mrs. Eddy, la fondatrice de la « Science chrétienne » — sur la suprématie de l'esprit et l'illusion de la matière.

Corrigé, compensé par le frais souffle transatlantique, cet esprit spécial dont Tolstoï est un torrent puissant, sera salutaire au monde et jugé tel par la postérité (1).

(1) Souvenons-nous que la S. T. fut fondée par une Russe et un Américain.

Plus éloquente que la balance de la critique, me paraît l'épreuve de la lecture pour évaluer l'œuvre de notre réformateur. Elle consiste à prendre un de ses ouvrages éthiques et à le *subir*. Il ne laissera jamais indifférent. On raillera, on protestera, mais on sera brûlé, on ne sera plus le même qu'auparavant. On aura reçu le coup de pouce du génie. Et c'est là l'indice certain : la semence contenue dans ses écrits est la vérité, toujours identique à elle-même, riche de son potentiel d'avenir.

Pour nous la dispenser, ce semeur a trouvé le geste simple, sûr, beau : C'est un artiste. Pour la recevoir lui-même d'une source plus haute, il s'est ouvert spontanément à l'inspiration impérieuse : c'est un prophète.

A nous théosophes, son monisme, sa foi au Dieu intérieur, son rejet du carcan des formes, des dogmes, des axiomes ; cette stature enfin qui domine le temporel, ne peut nous apparaître que comme une des plus énergiques expressions de notre croyance intime : l'unité perpétuelle.

Pour ne pas aimer Tolstoï, il faut se faire violence, et l'on a bien tort. Pour ne pas le suivre, aussi, mais en cela on est pardonnable.

Car la majorité de notre humanité ressemble encore au chameau de l'Evangile et la voie Tolstoïenne au trou de l'aiguille qui accède aux cieux.

Gagnons d'abord l'état dont parlent les Ecritures : la *simplicité*, et ressentons profondément la réalité des paroles favorites du grand mystique russe, — résumé de sa doctrine — : « Le Royaume de Dieu est au dedans de nous ».

Alors le moment sera venu de nous engager sur la « Voie étroite », la « Voie de perfection », la voie de l'initiation, appelée par la Théosophie : « Le Sentier du disciple ».

# CHAPITRE III

—

## FAUT-IL ÊTRE VÉGÉTARIEN ?

« Nous suivons l'exemple
des loups et des tigres »
(St. Chrisostome).

On est végétarien par goût, par nécessité, par hygiène, par sentiment, par doctrine ou pour d'autres raisons. On est végétarien large ou mitigé, végétalien, fruitarien, buveur de lait, jeûneur, « Fletcherien », naturiste ou autre chose encore.

On est simplement *naturel*, fanatique ou théoricien. Le fanatique se fait du mal et en fait aux autres. Il passe parfois sa vie entière à appliquer « à la lettre » ses principes. Cette « lettre » le tue. Logicien et dogmatique redoutable, il part de prémisses fausses et refuse d'en reconnaître les conséquences.

Cependant, même parmi les outranciers du végétarisme, il y a des sincères qui se hâtent seulement trop de codifier à l'usage de tous, des règles profitables pour eux seuls.

Asseyons-nous en imagination à une table où seraient représentés tous les partis du végétarisme et regardons, écoutons, dégustons.

A l'extrême gauche, se trouvent évidemment ceux qui ne mangent rien. Jeûneurs professionnels mis à part, certains médecins (1) prescrivent des *cures de jeûnes* soit prolongées (jusqu'à 40 jours), soit de 1 à 2 jours par semaine ou par mois, à titre préventif ou curatif.

Le plus connu fut l'américain Dewey qui fit des cures célèbres et des disciples nombreux (2)

Le jeûne doit permettre à la nature de déployer à l'aise ses énergies réparatrices. C'est une espèce de « quiétisme » physiologique.

A côté des jeûneurs, siègent, les *monophages*, consommateurs exclusifs d'un aliment : lait ou noix.

Les buveurs de lait (je ne parle pas des malades), sont Tolstoïsants et forment une secte communiste.

Cet aliment complet n'exige qu'une condition : des vaches. Telle n'est pas la dépendance des *nuttariens*, mangeurs de noix. Ils cueillent leurs repas tout préparés. L'aspect extérieur de la noix de coco et l'intérieur de notre noix indigène rappellent, disent-ils, celui du crâne et du cerveau humain : Concordance, homéopathie naturelles !

Selon le Dr. Jalta (de l'Université de Californie)

(1) Dᵣ Dewey (américain), Guelpa (italien), Grand (français), et d'autres.

(2) Il inventa aussi le fameux « No breakfast plan », ou système des deux repas journaliers, dans un pays où le premier déjeûner est d'ordinaire copieux.

les sectes nuttariennes subsistent fort bien de leur aliment qui, comme le lait, est complet.

Leurs voisins sont les *fruitariens*. Tous les fruits leur sont bons. On les rencontre dans des restaurants et des hôpitaux spéciaux de Londres ou dans des colonies (comme l'« Eden » en Allemagne) voués à la pommiculture (1).

Certains malades font avec succès des cures de raisins, de pommes, de fraises, de citrons.

Voici maintenant les *Végétaliens*.

Attention ! « Végétarien » vient du latin *vegetus* qui signifie *fort*. « Végétalien, vient de *végétal*. Ces sectateurs bannissent tout produit d'origine animale et s'en tiennent aux légumes, aux céréales, aux fruits.

Un peu plus loin, siègent les *omnivores* restreints simples ou mâchonneurs. Qu'est-cela ? Les premiers mangent de tout, mais peu. Les seconds font de même et de plus mastiquent à fond. Ils nous intéressent parce que la viande ne paraît que peu ou point sur leurs menus. Souvent, ces petits-mangeurs se réclament de L. *Cornaro*, vénitien du xvᵉ siècle, auteur d'ouvrages sur la *longévité*, composés à 100 ans, qui, après une jeunesse dissipée était devenu d'une sobriétété extrême.

Quand à l'américain *Fletcher* (2) il a découvert qu'en mastiquant à fond, en mangeant peu et lentement, on affine le goût, on éduque l'appétit, on libère l'instinct. Il a fait des milliers d'adeptes.

(1) Il y a également des colonies fruitariennes en Australie, en Argentine, au Portugal.

(2) Voir FLETCHER, A. B. Z. of our own nutrition. The new glotton of Epicure.

Sa méthode réalise une économie physiologique et financière ; elle est un aspect de la philosophie de l'intuition et de l'instinct pur dont elle fait le connaisseur et l'ordonnateur suprêmes.

Des « chewing-clubs » (clubs mâchants) fonctionnent en Angleterre.

Les *naturistes* se recrutent dans tous les partis de la cène végétarienne. Ils aiment la nature, s'inspirent, se rapprochent d'elle, et ont foi en ses pouvoirs cachés et conservateurs (1). De préférence ils mangent cru. Ils n'assaisonnent pas. Ils usent souvent de cuiseurs naturels destinés à conserver aux aliments leurs saveurs et leurs ferments. Ils fabriquent des farines et des pains complets.

Ils comptent des doctrinaires, des apôtres vêtus de lin, mais aussi des modérés et des sages panthéistes.

Faisons un saut. Interrogeons l'aile droite de nos commensaux : les tolérants et les *semi-carnivores*. Ils affectionnent la formule du Dr. Monteuuis (2) : « Fruitarien le matin, carnivore mitigé à midi, végétarien le soir ».

Mais j'ai hâte de vous ramener vers le milieu de notre table chez les « majoritaires » : les végétariens larges qui ajoutent aux aliments végétaux, les œufs, le lait et ses dérivés. Ils sont modérés en tout.

Accordez encore quelques regards à des indépendants : apologistes des farineux, du lait caillé, de l'eau, du pain naturel, ou leurs détracteurs (3) ;

(1) En médecine c'est la méthode expectante.
(2) Dr Monteuuis, *La cuisine rationnelle dans le monde*.
(3) Théories et Régimes des Drs Metchnikoff, Combe, Cantani, Haig, Schroth.

négligez les idiosyncrasies de tous genres et pour
ne point vous troubler, tournez-vous vers le *théosophe* modèle, celui qui allie à l'esprit d'analyse
scientifique l'enthousiasme du croyant. Il vous
répondra.

Donc faut-il être végétarien ?

Oui, puisque le règne végétal — la science nous
l'affirme — offre à lui tout seul les calories, les
albumines, les hydrates de carbone, les graisses,
les sels dont nous avons besoin (1) — le régime
carné pur ne nous les fournit pas — ; oui, puisque
le régime végétarien nous intoxique moins et nous
empêche de devenir scléreux et arthritiques ;
puisque économistes, statisticiens, sociologues
nous assurent que ce régime est moins cher ; que
des races entières, des grands hommes, des ordres
religieux, des sectes, ont été, sont végétariens (2) ;
que la plaie sociale serait plus facile à guérir si
tout le monde renonçait à la « nécrophagie ». Oui,
puisque toutes ces raisons plaident en faveur du
végétarisme, soyons végétariens. Joignons nous
aux hôtes de notre table naturelle, disons avec les
sentimentaux : pourquoi tuer et faire tuer ? Iriez-
vous vous-même égorger vos victimes ? avec les
dégoûtés : Songez aux temps futurs où on lira avec
stupeur que des hommes avalaient des cadavres
de bêtes égorgées et exposés saignants dans leurs

(1) Voir les ouvrages des D⁻₀ Pascault, Bonnejoy,
Grand, Haig, Kellog, Carton, etc. et « la Table du végétarien ».

(2) Hindous, arabes, trappistes, Epicure, Pythagore,
Platon, Lamartine, Rousseau, Diderot, Darwin, Edi-
son, Tolstoï.

villes ; avec les économes : économisez agréable-
ment ; avec les sociaux : pratiquez la vie simple ;
avec les théosophes enfin : Le meurtre est incom-
patible avec les principes de charité universelle et
d'évolution. Ne l'imposez pas à des milliers d'hommes (1), n'inhibez pas vos facultés subtiles, ne vous
alourdissez pas inutilement. C'est indiscutable :
Le bon théosophe ne sera pas carnivore.

Mais quelle variété de végétarisme choisir ?
Agissez selon votre tempérament et vos goûts.
Mais, s'ils sont aventureux, n'entraînez pas après
vous des prosélytes, des faibles, à l'affût de panacées et de « systèmes ».

En résumé, on peut conclure : 1° que le *végétarisme mitigé* (avec un plat de viande quotidien)
convient à la grande majorité ; 2° que le *végétarisme large* excluant la viande, mais admettant les
œufs et le lait, suffit à un grand nombre de per-
sonnes et devrait être adopté par l'élite sociale et
idéaliste ; 3° qu'il faut user de prudence vis-à-vis
des autres variétés du végétarisme qui sont souvent du domaine médical et pour lesquelles il sera
bon d'être conseillé. Si l'état de votre santé ou des
raisons *vraiment* majeures, ou un tempérament,
une accoutumance invétérés, vous y forcent, usez
de viande, mais en tendant *consciencieusement* à
modifier les uns et les autres et à *revenir* à la vie
naturelle.

Au reste en abandonnant la viande, ne vous

_______________

(1) C'est à ce point de vue que se place A. Besant
dans sa brochure : *Le Végétarisme à la lumière de la
Théosophie.*

croyez pas excentriques. Vous êtes en bonne compagnie. Tous les pays possèdent des restaurants végétariens, des pensions, des colonies, des maisons de santé, des écoles ménagères végétariennes et naturistes (1).

La S. V. de France et le restaurant végétarien de Paris sont dirigés par des Théosophes. En vous mettant *au vert*, vous risquez plutôt de glisser aux excès du gourmet qu'à ceux de l'ascète.

Mais, pour finir, soyons tout à fait sérieux !

Déjà de graves lunettes se penchent vers les poêles et les casseroles et des plumes savantes dévoilent aux artistes culinaires (ainsi s'intituleront désormais les chefs de nos cuisines), les arcanes de la chimie alimentaire et de la diètetique.

La cuisine ne sera plus la pièce honteuse. Si « retour à la Terre » il y a, il faut aussi qu'il y ait « retour au feu ».

Il est un sein sur lequel la vie nous ramène toujours : « Source de joie, vaisseau spirituel, santé des malades, consolatrice des affligés » — l'éternel féminin – la nature ! — et à la grande communion de sa cène quotidienne doivent renaître bientôt sur les lèvres purifiées, les antiques, les désuètes paroles : – « Benedic, Domine, nos et haec tua dona... »

(1) P. Ex. Gland, Lugano (Suisse), Saint-Antoine (Nice), Kellogs Battle Creek San (Chicago).

CHAPITRE IV

—


## COMMENT ÊTRE MALADE ?


### DISSERTATION THÉOSOPHIQUE SUR LA MALADIE

Du médecin, du malade ou de son entourage, lequel est le plus intéressé à la guérison de la maladie ?

Sans aucun doute le malade.

Cependant la presque totalité des ouvrages traitant de la maladie est due aux deux autres parties.

On fera remarquer que le malade n'est pas compétent, que, souffrant, il manque du sang-froid nécessaire pour juger, sans les déformer, des faits de son mal et on répétera volontiers le mot d'un praticien connu : « le malade a toujours tort ».

C'est inexact. Le patient a souvent un singulier pouvoir de dédoublement, il souffre et se voit souffrir, il déraisonne et le sait, et se juge sévèrement. Il a un bagage d'expérience souvent formidable, il observe et classe, mais, faute de pouvoir exprimer ses résultats et choqué du scepticisme méprisant de la Faculté, il garde tout pour lui. Et c'est dommage. Considérer ' idement son état et en déduire une ligne de co. .uite et une opinion personnelles, ne peut que lui être utile, et le serait assurément aussi à la Médecine.

Il faut certes tenir le malade éloigné des lectures médicales vaines, tout au moins de celles dont le caractère technique ne pourrait que le troubler, et lui faire acquérir des demi-connaissances nuisibles ici, comme partout, à la saine élaboration de notre esprit. Cependant des aperçus généraux de physiologie et de thérapeutique ne seront souvent qu'efficaces. L'ignorance n'est jamais bonne conseillère.

Une erreur commune nous fait croire que celui qui perçoit et exprime un idéal est par cela même, capable de le saisir et de le réaliser. Nous sommes froissés de voir le moraliste fauter comme un autre, l'artiste recéler de la laideur dans son âme et dans sa vie, le médecin tomber malade et le malade discourir sur la guérison. Comprenons-le, ces hommes ne font que traduire en signes et concepts, ce que tout le monde sait ou pourrait savoir et il n'est pas plus étonnant qu'ils ne puissent pas toujours rendre vivant leur idéal, que de voir l'humanité entière le trahir si souvent. Connaître le but de la course, discerner l'étoile à l'horizon, ce n'est atteindre ni l'un ni l'autre, c'est seulement tenir les yeux fixés sur ceux-ci et les désigner à ses compagnons de route.

Ceci est vrai pour le malade qui essaye de dégager du dédale de ses souffrances, le fil d'Ariane qui le ramènera à la lumière de la santé.

Dans les pages suivantes, on ne traitera pas de la maladie et de sa guérison, du point de vue pathologique, c'est-à-dire de son développement, de son évolution et de sa disparition dans le corps du patient ; ce n'est pas de notre ressort. C'est l'étiologie morale de la maladie que nous allons étudier, son influence sur le caractère et le développement spirituel de l'individu, la meilleure attitude qu'il doit adopter en vue de guérir ou de supporter son mal, ses droits et ses devoirs, enfin sa contribution personnelle à l'œuvre de son rétablissement.

Nous parlerons en théosophe, parce que nous le sommes, persuadé cependant qu'au dehors de notre cercle de croyances, de nombreux affligés et malades arrivent à des conclusions analogues. Nous croyons, toutefois, que les éclaircissements que leur fournit la théosophie, justifieront leurs expériences et leurs pressentiments et surtout assoieront leurs espoirs et leur foi si péniblement entretenus, sur la logique de la certitude et de la satisfaction intellectuelles.

Nous montrerons ce que la théosophie peut faire pour le malade et aussi, avouons-le, ce que le malade peut donner à la théosophie, car c'est au tournant de la souffrance que s'éveillent les inquiétudes et les interrogations et aussi, que l'intuition et le sentiment, décroûtés de l'opaque carapace de l'intellect, sont prêts à recevoir et à adopter les vérités subtiles de la doctrine occulte.

De quelles maladies, de quelles malades parlerons-nous ? Il y a des affections aigües et chroniques, longues et courtes, passagères et congénitales, organiques, nerveuses, psychiques.

Elles ne se ressemblent pas et réagissent différemment sur le tempérament des malades. Excités ou déprimés, hyper ou hyposthéniques, accidentels ou invétérés, les membres de la grande famille morbide ont-ils donc un air et un devoir communs ? Assurément. En dépit des dissemblances résultant de l'aspect particulier des affections dont ils souffrent, la maladie nivelle les caractères plus qu'elle n'accuse leurs différences et ce ne sont pas des types et des cadres médicaux, mais plutôt cet air et ce devoir communs que nous désirons préciser ici.

Néanmoins, pour faciliter notre portrait et en déduire des règles morales, nous prendrons un type moyen, le plus intéressant et le plus moderne, celui chez qui l'épreuve-maladie représente une transformation plus ou moins totale du cours de l'existence, de la mentalité, de la vision de toutes choses. Pour cela, il faut que la maladie soit de longue durée. Elle sera chronique, elle se compliquera d'atteintes au système nerveux et même à la personnalité psychique. Sa localisation n'importe pas tant et des malades de tous genres trouveront, je le crois, dans notre exposé, des points se rapportant à eux-mêmes. Car les malades entre eux s'entendent souvent comme larrons en foire ou comme frères maçons.

*<sup>*</sup>*

I

Qu'est-ce que la maladie ?

La conscience d'un phénomène vital, un puissant ressort dans la progression de l'inconscient ou conscient.

A l'état normal, par exemple, nous ne savons pas que nous avons une rate. Mais elle s'engorge, et nous en prenons conscience. La réflexion s'éveille. Nous nous demandons ce que nous avons pu faire pour nous attirer ce mal, nous questionnons le médecin et supprimons, si possible, la cause de notre douleur.

La maladie est une fidèle surveillante. Elle signale avec discrétion d'abord, puis avec obstination, les menaces et les périls, afin que nous y parions. S'il est trop tard et que l'ennemi est dans la place, elle suggère la manière et le lieu où il doit être attaqué et chassé.

La maladie aigüe n'est qu'un accident, un avertissement rarement écouté, après lequel on reprend le cours inchangé de son existence. Le mal chronique est un changement plus ou moins radical de direction, de caractère, de conception. Il tient au malade que ce changement soit bon ou mauvais. La maladie chronique est un des plus puissants moyens de correction, de redressement, d'instruction dont la nature dispose. C'est aussi l'un des plus durs. *Dura lex sed lex.* Leçon sévère, mais leçon quand même. Que le malade consente à l'apprendre. La maladie ne sert qu'à cela. On ne visera pas à l'éviter, à cesser seulement de souffrir On fera du redressement moral, l'objectif de la maladie et on utilisera à cette fin toute épreuve qu'elle apporte. Elle n'est pas un épouvantail. Ne vous voilez pas les yeux et la face devant elle. Elle n'est pas une honte. En la craignant, vous l'exaspérez. En l'escamotant par une guérison, une distraction éphémères, vous la remettez à plus tard. Elle reviendra, peut-être sous une forme autre, sous l'aspect d'un revers, d'un chagrin, d'un malheur.

Elle reviendra maintenant, bientôt ou plus tard, dans une prochaine existence, dans une plus lointaine, jusqu'à ce que vous ayez compris sa leçon.

Pourquoi ne pas franchir le pas tout de suite ?

Sautez le fossé, débarrassez-vous de cet obstacle à votre progrès. Acceptez la remontrance. Rendez-vous libre.

Voilà comment il faut comprendre, ce que, théosophes, nous appelons le *Karma*.

Répétons-le toujours : Karma n'est pas un tribunal nous punissant de l'extérieur. Il est une loi naturelle effectuant peu à peu notre *réveil* complet. Il sert à combler en nous des lacunes. Manquons-nous d'énergie et ce défaut nous induisait-il à commettre le mal? La loi de cause et d'effet, *Karma*, va nous placer dans des conditions où nous serons appelés à éveiller et à cultiver en nous cette faculté manquante. Voilà le destin. Il opère soit à notre insu, tramant pour nous, notre avenir, avec les fils de nos actions, soit avec la complicité de notre moi, si celui-ci est suffisamment développé. Alors, c'est nous-mêmes qui déterminons, pour une grande part, les circonstances propres à nous corriger, à nous élever.

La maladie, avons-nous dit, est un agent éducatif puissant. Elle nous enseigne à nous priver, à nous résigner, à nous discipliner, à nous raisonner. Elle est souvent, dit-on, le Karma du despotisme, de l'égoïsme, de l'autorité abusive dont nous aurions fait preuve dans des existences antérieures. Cela se comprend. L'accaparement des joies et des biens doit être balancé par l'expérience de la privation, afin que nous apprenions *l'équité*. On a frustré autrui. On sera frustré. Il ne faut pas considérer l'acquisition forcée de ces vertus, le renoncement, l'abnégation, la patience, comme un *pensum*, mais comme un privilège. Car elle nous oriente vers un bonheur plus stable, vers le seul bonheur réel.

Pour savoir utiliser la maladie il faut comprendre ce qu'elle demande de nous. Il faut supporter avec courage sa semonce. Et il faut coopérer avec elle, se montrer un élève zélé, agir.

Comprendre, supporter, agir sont les trois clefs qui ouvrent les portes de la guérison.

Comprendre quoi ?

Le sens de la vie en général et celui de notre vie en particulier.

Le sens du court segment que nous nommons la vie est de nous acheminer vers l'Etat de *Maître*.

Comprenez-vous ce mot ? Le Maître, c'est

l'homme parfait. C'est en réalité notre humanité
que nous devons conquérir. Etre Maître c'est dominer toute la substance, celle des choses, celle
du corps, des pensées et des émotions. Pour y
parvenir l'homme doit s'y être exercé au cours de
nombreuses existences. Il doit aussi avoir acquis
la connaissance des grandes lois cosmiques conformément auxquelles il dirigera la matière. Cette
connaissance, l'étude, l'expérience et la dévotion
aux supérieurs spirituels, la lui donneront. Ce
libre pouvoir *humain*, le Maître l'emploiera uniquement à tracer dans le Tableau de l'évolution
des mondes, des lignes conformes au plan divin.
Ce plan, des forces hiérarchiques plus hautes le
lui feront connaître.

Dans cette direction chemine lentement toute la
création durant de long siècles. Mais certains
prendront les devants, en s'imposant de plein gré
*ce qui leur paraîtra des sacrifices*, mais ce qui représente en réalité des affranchissements. S'ils
manquent de courage, la nature les aidera. Sous
quelles espèces? L'une d'elle est la maladie. Et
quels sont les pseudo-sacrifices exigés d'eux?

**
* *

On peut distinguer parmi les maladies, celles
qui laissent intactes les facultés morales du malade, et celles où ces facultés sont affectées plus ou
moins gravement. Les premières sont purement
physiques, le patient reste calme, équilibré, voire
même joyeux. Elles sont probablement le résultat

d'une cause simplement matérielle, d'un délit qui ne porta à personne de préjudice sérieux. Les secondes sont nerveuses, psychiques, soit essentielles, soit secondaires à une affection organique. Leurs victimes sont malheureuses, tourmentées, déprimées. On peut présumer qu'elles sont la conséquence, la dernière étape d'une faute, d'un vice du domaine moral. Le défaut peut être guéri, la faute réparée et la maladie n'est qu'une terminaison, un exutoire du mauvais courant engendré. Dans ce cas, le malade restera, malgré tout, patient et résigné, contrastera par la pureté actuelle de sa nature avec l'état physique où il est plongé et fera déblatérer maint ignorant contre l'injustice du sort. Ce malade guérira parfois subitement, soit par une intervention « miraculeuse », soit grâce à quelque cure empirique dont les partisans se hâteront, à tort, de généraliser l'emploi. C'est que le « mauvais Karma » de cet homme était épuisé et que son heure était venue.

D'autres malades, au contraire, sont en pleine lutte et loin encore d'avoir achevé le remaniement nécessaire de leurs natures, d'avoir corrigé leurs travers et profité comme ils le doivent des leçons de la maladie.

Chez ceux-là, panacées et thaumaturges resteront inopérants et leur nocivité éventuelle ne sera heureusement que passagère.

Si un grand nombre d'âmes est entraîné, malgré tout, dans les bons chemins et amélioré de force, sans qu'à la guérison, ces âmes se rendent compte du progrès intérieur dont elles sont redevables à la maladie, beaucoup d'autres, plus mûres, animées du désir de se perfectionner, sont jugées par le destin, dignes de coopérer à leur régénération externe ou interne, à l'obtenir consciemment et à en assumer jusqu'à un certain point, la charge et la responsabilité. Ceux-là doivent se tirer d'affaire tout seuls.

Cette explication a eu pour but de nous montrer à quelle catégorie de malades peuvent particulièrement être demandés les sacrifices que nous allons maintenant examiner. Cette catégorie est celle des malades *conscients*, avides de se perfectionner. C'est parmi eux que nous trouverons les candidats au « Sentier du disciple ».

*
* *

Car c'est bien vers la préparation à ce que les mystiques appellent le « Sentier du disciple », la « Voie mystique », la « Vie Spirituelle » que nous pousse la maladie. Et les sacrifices qu'elle exige de nous se rapprochent singulièrement des « qualités » que l'entraînement occulte nous invite à développer.

Quelles sont ces qualités ?

Il y en a six, vous le savez :

1. — La maîtrise de soi à l'égard du mental.
2. — La maîtrise de soi dans l'action.
3. — La tolérance.
4. — Le contentement.
5. — La persévérance.
6. — La confiance (1).

(1) D'après *Aux pieds du Maître* d'Alcyone. Ces qua-

Les qualités que le malade est contraint de susciter en lui, sont-elles différentes ?

Ces six points sont désignés dans leur ensemble sous le nom de « bonne conduite ». Et la bonne conduite est l'une des quatre vertus requises du candidat au *sentier*.

Les autres sont :

Le discernement.

Le détachement.

L'amour.

Et cela signifie beaucoup de choses : la distinction entre les biens durables et les jouissances éphémères ; la poursuite de la science véritable : celle de l'âme, des lois de la vie, de la mort, et de la souffrance ; le désintéressement des possessions vaines qui, avant l'invasion de la maladie, paraissaient si indispensables : plaisirs, fortune, pouvoir ; la pitié pour le compagnon d'infortune, la solidarité, le secours humain, apparaissant maintenant comme la principale des occupations ; l'amour enfin des Supérieurs spirituels, des Instructeurs, des Maîtres.

Tout une métamorphose des valeurs et des objectifs de l'existence s'opère.

Est-ce à dire que le malade, par le fait de sa maladie, doive devenir un ascète et un saint, se détacher des contingences et se vouer à une œuvre pie ?

Pas du tout. L'ambition, le désir, les émulations et les stimulations propres à lui rendre où à

lltés sont souvent classées et dénommées différemment, mais tous les traités mystiques en parlent.

renforcer en lui le goût de vivre sont utiles. On
aura raison d'en user avec le malade. Lui-même
s'en saisira, et s'en servira, comme de toniques et
de tremplins, conscient de leur valeur plus ou
moins relative et momentanée.

Ici il s'agit de se connaître, de se juger objecti-
vement. Le malade y répugne. Las de s'analyser
et mis justement en garde contre un excès d'introspection, il vit partagé entre sa tendance naturelle à s'interroger et la peur de se complaire
dans cet examen. Il craint ausi de se découvrir, de
se voir en contradiction avec son idéal. Il tombe
dans un désarroi résultant de sa propre com-
plexité. Il ne sait plus où il est lui-même, en haut,
en bas, dans ses instincts, dans ses aspirations,
nnlle part.. Il a perdu sa profession, sa spéciali-
sation dans la société. Il n'est plus qu'un malade.
Ses intérêts précédents sont morts, ses efforts
vains, ses objectifs anihilés. La synthèse de soucis, de plaisirs, de satisfactions qui représentait
pour lui son moi, n'existe plus. Et il a peur. Il préfère vivre dans la brume et la demi-inconscience.

Qu'il ne s'alarme pas. Tout cela est juste et
bien. L'être change. Ses raisons de vivre se modi-
fient pour le mieux. La transition est brusque,
mais n'est-il pas préférable qu'elle s'effectue une
fois pour toutes ? Abandonnez vos anciennes mesures. Ne vous cramponnez pas aux amours, aux
méthodes, aux spéculations d'hier. Ne regardez
pas derrière vous. Ne regrettez ni ne pleurez.
Aujourd'hui prépare demain. Risquez, quitte à
échouer. Le pas sera fait.

On peut être certain que dans le dédale de son

être, c'est ce principe recteur, univoque, inhérent, qui sait, juge et veut, — le moi véritable. Toutes les autres parties, — instincts, tendances, énergies éparses lui appartiennent certes. Elles sont ses servantes, ses outils, ses défenses, dès qu'à leur tête, sera placé le chef éternel fort du pouvoir divin. Où siège-t-il donc ce maitre? En nous. Il n'est pas si caché que cela. Il est nous-mêmes, ne demande qu'à parler et à sévir, et les fragments constituant notre personnalité, ne désirent réellement que se ranger sous son égide. Car la matière cherche à se conserver, la mutinerie et l'anarchie ne sont pas des états dans lesquels elle se plait.

N'ayez donc aucune crainte de ces voix incohérentes qui crient très fort mais se taisent aussi à jamais, au son de trompette magique de votre esprit dominateur.

Cependant connaissez-vous. Connaissez votre intelligence, votre tempérament, leurs limites, leurs exigences, vos faiblesses, vos vices. Traitez-vous avec sévérité, mais sans rudesse, comme un enfant qui ne doit être ni brutalisé, ni gâté.

Le moi est haïssable, et une complaisance exagérée dans son analyse est nocive, surtout lorsqu'elle est vaine et gratuite. Mais il y a des phases dans l'évolution morale du malade, où elle est nécessaire. Il n'y a rien d'autre à faire. L'échelon supérieur doit être atteint. A ces moments-là, cette auto-analyse est salutaire, à condition qu'elle soit fructueuse en agissements et déterminations. Nous y reviendrons plus loin.

Dans ce travail on peut se faire aider. Quand

votre entourage vous reproche tel ou tel défaut, même si ses accusations vous paraissent une injustice et une méconnaissance, prenez garde, examinez-vous et si vous êtes sincères envers vous-mêmes, vous reconnaîtrez peut-être qu'ils ont raison. « Qui veut faire l'ange fait la bête » et notre nature renferme un bestiaire de sentiments égoïstes séculaires, cuve de ferments aux vapeurs insidieuses dont le fumet nous illusionne dangereusement sur nous-mêmes.

Ces faces bestiales, ne leur accordez pas un pouvoir d'intimidation qu'elles ne peuvent posséder. Pulvérisez-les au souffle de la conscience et de la volonté·

Le sens de la vie que nous devons saisir clairement, c'est donc l'épanouissement des pouvoirs de notre être intégal, son articulation parfaite, sa félicité. sa paix. sa dévotion consciente au plan de l'univers.

En plus de la compréhension de ce qui est la vie en général, nous avons ajouté qu'il faut comprendre le sens de notre vie en particulier.

Il faut croire à la réincarnation. Cela rectifie, cela émancipe notre meutalité. Cela modifie notre attitude en face de la maladie. Cela nous achemine vers l'optimisme, notre vraie patrie. Cela supprime l'appréhension de la mort et d'un incertain au-delà; cela enlève aussi bien la terreur de l'anihilation que le désir d'une suppression totale. Cela guérit du désespoir d'une vie manquée. Cela confère un juste sentiment du devoir actuel et de l'importance relative des jours vécus. Cela console et tonifie, même si cela est insuffisant pour nous faire agir.

Prenons un exemple :

Vous voilà souffrant, condamné, incapable, esclave en tout et pour tout, dégoûté de la vie, frustré de plaisirs, d'espoirs, mais plein de projets, de regrets, de remords.

Si vous êtes religieux, si vous croyez à la survie, vous n'aspirerez qu'à mourir, bien que votre organisme mieux inspiré que vous, se cramponne à l'existence. Dans l'au-delà, vous attendent des conditions de vie meilleures, quoique imprécises et, en somme, assez fades. Mais tout ce qu'ici-bas vous avez rêvé, entrepris, caressé, tout cela fut donc en vain ? Dans quel but alors, cette mise en train, ces dons, ces trésors d'énergie, de tendresse, ces efforts, ces victoires ? Tout cela est perdu ? Ce ne fut qu'abus, illusion, tromperie. Vous mourez. Vos proches pleurent votre disparition, tout votre potentiel perdu, vos productions, votre carrière, vos joies irréalisées. « Un de plus fauché, enlevé à sa patrie », disent-ils.

Si vous êtes incroyant, au contraire, votre stoïcisme, votre sentiment du devoir, votre courage sont dignes assurément de tout éloge.

Vous vous raidissez héroïquement contre des répugnances pourtant toutes naturelles : la peur du néant, le découragement devant la vanité de la lutte. Vous essuyez des pleurs qui n'ont point de raisons de couler, puisque vous pleurez quelque chose qui n'existe pas. Concevez-vous ce paradoxe ?

Dans les deux cas, dévot ou sceptique, votre situation la plus enviable sera celle d'un résigné, d'un fataliste, d'un pieux indifférent.

Si la palingénésie n'a pas été universellement enseignée, c'est peut-être parce que l'humanité devait acquérir d'abord ces vertus de vaillance. Le moment est venu pour nous, d'utiliser ces énergies à de meilleures fins qu'à celles de supporter courageusement nos propres erreurs et notre ignorance. La sécurité, le soulagement que nous procure la croyance à la pluralité des existences, nous le permettent, nous y invitent.

Possédant cette foi, comment raisonnerez-vous au cas ou vous tomberiez malade ? Vous vous direz : Dans la suite ordinaire des jours, lorsque l'un d'eux m'est moins propice que les autres, lorsque pendant une, deux ou trois fois vingt quatre heures, je me sens fatigué, malade, interrompu dans mes fonctions ou mes études, mal dispos, d'humeur morose, enfin si un des jours de ma vie est gris ou même tout à fait sombre, est-ce que je me désespère à ce point, est-ce que j'en rends responsables le sort et les hommes, est-ce que pour cela je suis prêt à mettre fin à ma vie ? Non. Je réagis. Je découvre la cause de mes embarras. Je cherche à y rémédier. Ai-je commis une imprudence ? Ai-je trop mangé, veillé ou dormi. Demain, après demain, ce sera passé. Bonne leçon pour une autre fois. Faisons la diète, prenons du repos. Profitons-en pour lire un beau livre ou pour nous retirer en une bienfaisante solitude. Avalons la drogue convenable et ensuite nous serons plus forts que jamais.

Eh bien, le cours de la vie infiniment plus longue qu'est l'évolution de l'homme, est comparable à sa brève existence de 60 à 80 ans. Celle-ci est la somme de quelques milliers de jours. Celle-là l'est de quelques milliers d'existence. Celle-ci compte autant de nuits séparant les journées l'une de l'autre. Celle-là compte, entre les existences, des périodes de repos comparables aux nuits d'une seule vie. Chaque matin, on se réveille le même que le jour précédent. A chaque nouvelle vie, l'homme se retrouve le même que dans la vie passée mais dans un corps nouveau. Quelques mois, quelques années d'existence tristes et malheureuses, c'est comme quelques heures ternes d'une seule journée. Toute une vie manquée, c'est tel un jour néfaste. Le lendemain est proche et la course va recommencer. Vers où ? Dans la vie terrestre, la vieillesse amène plus de sagesse et d'apaisement. De même, les degrés successifs de toutes les vies humaines se dirigent vers plus de science et de sérénité.

Sachant cela, me désespérerai-je ? Je me dirai : c'est provisoire. Rien n'est perdu. Mes talents auront l'occasion de s'épanouir, mes rêves de se réaliser dans une prochaine existence, non pas dans quelque lieu éthéré, mais ici-même, parmi les vivants. Qui sait si, dans cette vie, mes projets auraient réussi ? Je n'étais peut-être pas mûr, pas digne. Mieux que tout, la maladie me préparera. Ses atteintes ne sont pas des bâtons mis dans les roues de ma fortune. Elles sont des gouvernantes modèles dont les instructions me permettront d'accomplir bientôt plus parfaitement tout ce que je devais entreprendre. Il ne faut pas s'hypnotiser sur le côté négatif de ses maux. Remplacez les phrases : « Oh ! tout ce qui m'est ôté, tout ce

que j'aurais pu faire », par « Oh ! tout ce qui m'est
donné de neuf, tout ce que j'aurais probablement
mal fait ». On raisonne souvent comme si l'on
connaissait to t ce qui serait arrivé, si l'on n'était
pas tombé malade, sans songer que la maladie
prend peut-être la place d'événements autrement
redoutables. On se paye un spectacle imaginaire
et attendrissant. Effacez de votre pensée ces fan-
tasmagories, remplacez-les par la vision certaine
de la réalité et par celle augurable et heureuse de
l'avenir. Celui-ci dépend du vouloir et n'est pas
limité par les frontières négligeables de la vie présente.

Il est une condition pour que cette façon d'envisager la vie soit efficace :

« Fort bien, la croyance en la réincarnation me
donne cette conviction : J'ai le temps, j'ai l'éternité devant moi. Je suis frappé aujourd'hui, je
serai comblé demain. Laissons couler, laissons
faire le destin. Croyons à la bonté divine. »

Voilà un dangereux sophisme.

Se féliciter tous les soirs, d'avoir un jour de
moins à vivre, laisser aller, sans réagir, sans accepter les occasions de lutte et de victoire offertes
par la nature; se laisser mourir (comme si l'on
pouvait mourir !) se résigner fort chrétiennement
en apparence, au renoncement et au « je m'en
fichisme » chronique, c'est aller cont. à la croissance de l'âme, la suprématie de l'esprit, l'activité et le combat, c'est choir dans cet état *Tamas*
(inertie) de la matière, et atrophier son être entier, c'est aller au devant de plus grandes souffrances.

Ne croyez pas que la mort vous délivre, dans ce cas-là, de quoi que ce soit. Indécis et tourmenté vous étiez sur terre, indécis et tourmenté — et par suite souffrant — vous resterez après la mort. Celle-ci est changement, non discontinuité. Il est vrai que le temps finit par guérir tous les maux, mais ce n'est pas en les usant, ou en jugeant à un moment donné qu'ils ont assez duré ; c'est en harcelant le récalcitrant jusqu'à la contrainte, jusqu'à ce qu'il comprenne ce qui lui est demandé et consente enfin à agir pour son unique bien. Alors, la maladie, si elle est incurable, cessera de faire souffrir véritablement — car toute souffrance est morale —, l'homme à sa mort en sera délivré et renaîtra libéré de sa chaîne. Si la maladie est guérissable, elle s'atténuera et disparaîtra plus rapidement.

Ce n'est pas seulement une attitude optimiste et spirituelle qu'il nous faut apprendre, c'est la valeur et la signification particulière de l'épreuve qui nous est réservée.

Par exemple, vous êtes doué d'une forte intelligence. La maladie vous atteint. Plus de clarté dans les idées, plus de goût au travail. Lecture, étude interdites. Brillant causeur, vous en êtes réduit à des distractions insipides. Réfléchissez : Peut-être votre cerveau était-il développé au détriment de votre cœur. Vous viviez dans l'abstrait. Vous ne regardiez pas le monde réel autour de vous. Vous négligiez peut-être des devoirs simples et immédiats. Observez et réformez-vous de bon cœur. Ou bien vous étiez un actif. La maladie vient, vous coupe les ailes et vous cloue au repos.

Ce n'est pas une punition injuste. Ce n'est pas « cruel », ce n'est pas « trop ». Vous saviez agir, mais non réfléchir. Il se peut que votre action fut erronnée. La providence veille, elle vous envoie le moyen de vous compléter. Profitez-en, ne récriminez pas. Plus on avance, plus il faut, s'équilibrer. Raison, sentiment, action doivent en nous, se balancer, surtout si nous sommes des spiritualistes, des occultistes.

Ne cherchons pas à étaler nos facultés, nos dons. Nous les possédons, c'est bien. Il est d'autres qualités qui nous font défaut. C'est elles que nous devons nous faire un point d'honneur de faire nôtres. Avons-nous une lacune dans notre caractère ? Comblons-la. Une répugnance, une appréhension pour quelque chose ? Supprimons-les. Sinon, la maladie nous y contraindra. Elle nous gratifiera peut-être de phobies, d'aboulie, de mille autres symptômes que des luttes laborieuses nous permettront seules de vaincre. Intervenant dans les moindres détails quotidiens, la maladie nous fournit toutes les circonstances propres à susciter nos vertus absentes. Commencez par contrôler votre corps, vos gestes, vos paroles, vos désirs. Ensuite vous surveillerez vos pensées. Ainsi les souffrances de la maladie elle-mêmes apprendront à la mâter et formeront un instrument d'exercice concentré. Attelez-vous à la besogne.

*<sub></sub>*

Nous avons vu que pour guérir *véritablement*, il faut concevoir : 1. — le sens de la vie en géné-

ral comme l'évolution de la brute au Maître ; 2. —
Le sens de notre vie particulière comme l'acquisition d'une ou plusieurs qualités dominantes.

C'est donc toujours la lutte. Mais selon la phase
de la maladie, il faut lutter différemment. C'est ce
que nous allons examiner maintenant.

Scientifiquement on peut distinguer entre elles,
les maladies d'origine psychique, nerveuse, ou organique. Psychologiquement, on ne le peut pas.
Toute maladie est d'origine morale, fruit plus ou
moins éloigné d'un germe mauvais. Qui le sema ?
Le malade lui-même dans cette vie ou une précédente ? De quel ordre est-il ? D'ordre moral.
L'homme a violé la loi harmonieuse. Il a plaqué
un accord faux. Il a péché par ignorance, puis par
vice. La conséquence proche ou lointaine en est la
déséquilibre psychique (Kama-manas), nerveux
(éthérique), ou organique (physique), suivant la
nature de la faute.

Si la cause profonde est toujours morale le remède l'est-il également ? Oui, mais il faut s'entendre sur ce mot.

On peut placer au-dessus de l'*organique*, du *nerveux* et du *psychique*, le *moral* : la conscience, la
force, la vie, l'âme, la raison, le *Moi*, l'*Ego*. Lui
seul peut agir sur le complexe psychique, nerveux
et organique. Celui-ci est le moral inférieur ; le
Moi, le moral supérieur. Il ne faut pas les con-
fondre. Prescrire à un malade de se dominer par
son moral, sans lui expliquer qu'il en a deux, c'est
l'engager à dominer son moral par son moral, ce
qui est absurde, puisque c'est ce moral qui est atteint. C'est vouloir guérir par son mal, raccom-

moder un violon cassé en jouant dessus. Le malade peut arriver ou contribuer à sa guérison en se rendant compte de la qualité de sa nature, en comprenant qu'il y a en lui un moral supérieur qui ne saurait être souffrant, l'homme véritable qui surpasse son corps, son émotion et son mental. Il saura alors que si la cause cachée de son mal est morale, la cure à entreprendre l'est aussi.

Comment ce moral supérieur peut-il agir sur l'être inférieur? Aucun coup de baguette spirituel ne volatilisera le mal, qu'il soit physique, nerveux ou psychique : Ils sont aussi réel l'un que l'autre. Mais l'*Ego* a plus de prises sur la pensée (mental), moins sur le sentiment (astral) moins encore sur les nerfs (éthérique) et le moins sur les organes physiques. Cependant, par l'intermédiaire des principes supérieurs, il peut atteindre les inférieurs : la raison peut modifier la pensée, celle ci les sentiments, ces derniers l'état nerveux, et par la sédation des nerfs, l'organisme matériel est influencé. Cet enchaînement est nécessaire Aucun élan de foi ou de volonté ne peut, dans l'ordre commun des choses, transformer d'emblée une mentalité, encore moins une sensibilité, un système nerveux ou un organisme. Nous savons que le corps mental lui-même est façonné en formes précises par la pensée habituelle. Pour changer cette organisation, si elle est défectueuse, il faut une volonté persévérante. Partant, c'est sur elle que l'esprit doit s'exercer en premier, procédant toujours de haut en bas. La volonté ne peut guérir une plaie, mais elle peut chasser les pensées de peur, imposer des images de santé, entretenir une humeur optimiste, calmer les nerfs et hâter ainsi la guérison physique.

La volonté, c'est l'intelligence active et réfléchie, ce n'est pas le caprice, l'impétuosité et la forfanterie, bien que ces sentiments puissent être sciemment employés par la raison.

Tout cela explique que, lorsque, par suite de choc, d'épuisement ou pour tout autre raison, le moral se trouve affaibli, obnubilé, et comme séparé du reste de la personnalité, aucune démarche personnelle de la volonté n'est possible, et que les tentatives dans ce sens sont nuisibles. La faible énergie restante doit être ménagée. Il faut, en ce cas, assurer le repos, le calme et la distraction du malade, jusqu'à ce que son moral ait repris sa place et ses fonctions, et même la remplacer temporairement par une volonté étrangère qui décidera pour lui, n'agira pas par substitution ou imposition, mais par persuasion ou suggestion discrètes.

***

Donc, si la lutte pour la guérison consiste dans la prééminence de la raison et de l'esprit, nous avons vu qu'elle doit néanmoins s'engager de manières différentes, dans les cas particuliers. Quelles sont ces manières ?

Les maladies chroniques comptent plusieurs périodes : 1° Incubation ; 2° Invasion ; 3° Période d'état ; 4° Terminaison. Elles sont analogues, quoique de durée variable, dans les différentes affections. Aussi pourra-t-on en donner une description-type. Je répète que je ne parle pas en médecin, mais au point de vue de l'évolution intérieure. J'exclue également certaines infirmités congénitales ou acquises et des affections graves nécessitant rapidement une intervention chirurgicale. Ces formes de maladie ou bien ne perturbent pas l'existence du malade, ou bien ne comportent pas la lutte pour la vie, qui nous intéresse. Aussi bien, est-elle suffisamment nombreuse, la famille de pèlerins de la douleur, dont nous allons suivre le calvaire en ses étapes successives.

C'est la transformation morale, parallèle à l'évolution du mal physique, qui est la génératrice des conflits et des détresses et souvent des sauvetages qui vont nous occuper.

.*.

La plupart du temps les choses se passent de la manière suivante :

I. *Incubation.* — Symptômes avertisseurs ! Que ne les écoute-t-on ? Souvent on éviterait de passer à la phase suivante. Livrer le bon combat, c'est éviter de tomber dans le stade plus avancé, car une fois entré, on doit y traverser l'épreuve entière.

Il ne faut pas trop s'écouter dit-on, un rhume, une faiblesse doivent être sautés à pieds joints, noyés dans le mépris. Trop examiner et soigner ses symptômes, est effectivement peu recommandable, surtout si c'est dans le but secret de continuer à se livrer impunément aux occupations qui les provoquèrent. Ce ne sont pas les conséquences, ce sont les causes de nos maux qui méritent notre attention. Ces causes peuvent être honorables : travail inapproprié ou en excès, choc affectif, privations, etc... Dans ce cas, il ne faut pas s'obstiner ; on changera son train de vie, son milieu, au besoin sa profession, on réduira ses dépenses d'énergie. Il faut finasser avec sa constitution, sans jamais céder, trouver le genre et l'intensité de travail s'accordant avec lui. Les sacrifices présents sont minimes, comparés à ceux qui vous seraient demandés, si la maladie vous envahissait. Se priver d'un avantage, d'une situation, de plaisirs, de fêtes, d'un travail ou d'un labeur forcés (auquel votre ami tel ou tel se livre impunément), qu'est-ce auprès du renoncement, de la résignation totale qui seraient votre lot plus tard ? Songez que si du moral au physique l'emprise va de haut en bas, c'est au contraire en montant, en gagnant successivement les nerfs, les sentiments, le mental, que la maladie progresse.

Tant qu'elle est limitée aux organes physiques, elle peut guérir toute seule, à condition de lui en donner les moyens, et le contrôle harassant et ardu de l'esprit n'est pas nécessaire. Plus le mal gagne du terrain, plus il s'enracine.

Si le renoncement aux causes qui ont déclanché les signaux avertisseurs dans votre organisme, vous paraît au-dessus de votre courage, — et il l'est, quand l'habitude d'un plaisir ou d'une occupation est devenue comme une seconde nature, une condition indispensable à la satisfaction de vivre — si donc malgré vos plus fermes résolutions, vous ne parvenez pas à proscrire ces actes

coupables, recourez au moyen recommandé par
A. Besant : Essayez d'abord d'imposer votre volonté ; si vous ne réussissez pas, remplacez systématiquement la mauvaise pensée responsable de
l'acte, par son antidote, la pensée contraire et mé-
ditez sur celle-ci, sans attaquer directement la première. Si vous échouez encore, appelez à votre secours, l'imagination. Figurez-vous votre santé
ruinée et les souffrances, les malheurs, les hontes
de toutes sortes qu'engendreraient votre persévérance dans la voie défendue. Que ces images vous
servent d'épouvantails ! Cette méthode n'est pas
très recommandable, en général, mais elle est héroïque et entre deux maux, elle est le moindre. Le
plus grand est certainement de passer à la phase
suivante de la maladie.

2. *Invasion.* — Supposons que nous y sommes.
Les signes de détresse de l'organisme se multi-
plient et à la première occasion, uu symptôme plus
grave vous alarme sérieusement. La maladie est
là. Parfois, elle envahit la place presque subitement, s'installe et gouverne, sans qu'on ait eu le
temps d'aviser. Mais plus souvent l'invasion se
fait lentement et le malade intelligent peut éviter
d'être le battu.

Donc, au premier accident vraiment sérieux, on
consulte. Un diagnostic est posé, un traitement
institué.

Ici, dès le début, intervient la question des rapports entre médecin et malade. Il importe que ce
dernier adopte à ce sujet des idées et une conduite
justes. Choisissez un médecin en qui, médicale-
ment, vous puissiez mettre votre confiance. N'en

faites pas un pape, un infaillible. Ce serait vous préparer d'amères déconvenues. Il est homme tel que les autres.

On s'indigne beaucoup lorsqu'on constate qu'un médecin a parfois dans ses paroles et sa conduite vis-à-vis de ses patients, des pensées, des intérêts étrangers à la médecine et l'on s'empresse de le traiter de mercanti et de charlatan.

Que celui, — commerçant, artiste, avocat, financier, politicien, homme du monde ou autre — qui n'a jamais eu dans ses attributions, de considérations dont soit exclus tout intérêt personnel, lui jette la première pierre. Faites appel à ses plus hautes capacités professionnelles, aux meilleurs éléments de sa nature, et il ne vous répondra que par ceux-là.

Au début de sa carrière, le malade a peu d'expérience et se fie presque entièrement à celle de son docteur. Plus tard cette confiance se mitige fortement. Pour éviter de devenir un pensionnaire de sanatorium ou un hanteur de cabinets de consultation, il est bon que depuis le commencement, le malade n'abandonne jamais son propre jugement et ne se laisse pas aveugler par ceux des plus forts praticiens. Qu'il se rappelle sans cesse qu'il est le maître de son corps et de son sort et qu'il doit aussi longtemps que possible refuser de se laisser enrôler dans l'armée de la souffrance. Qu'il consulte plusieurs médecins. Qu'il corrige les dires des uns par ceux des autres. Qu'il garde le juste milieu entre le pessimisme du docteur « tant pis » et les boutades du docteur « tant mieux ». Qu'il ne s'attendrisse pas sur sa situation lamentable, condamné d'un côté, plaisanté de l'autre. C'est l'occasion, pour lui, de déployer ses qualités de discernement, de jugement, de sang-froid. C'est précisément cet effort que ce tournant de vie exige de lui. S'il s'en montre digne, il est quitte.

N'allez pas chez les empiriques. Ne consultez pas les pharmaciens et les quatrième pages des journaux. L'heure des charlatans sonnera. Elle n'est pas encore venue. L'empirique réussit parfois là où échoue le professionnel. Cela tient à des raisons que nous examinerons plus loin. Mais si le médecin est dangereux, le demi-médecin l'est encore plus. A un moment où l'on n'a plus guère rien à perdre, on peut chercher une dernière chance de salut chez lui. Vous n'en êtes pas encore là. Craignez de perdre un temps précieux.

Revenons à notre description-modèle. La maladie est déclarée, le traitement choisi. Peut-être comporte-t-il du repos, une temporaire cessation de travail, un déplacement, un changement de vie. Pliez-vous, si possible à ces obligations. Rappelez-vous cependant qu'elles sont provisoires et qu'aussitôt votre santé rétablie, vous devez reprendre vos anciennes occupations ou vous en créer de nouvelles. Répit, relais, non abandon. Ne vous considérez pas au ban de la vie sociale. N'épousez pas la solitude, une vie anormale, une paresse, auxquelles votre organisme fatigué n'aurait que trop de tendance à s'adapter.

Si le repos vous est prescrit, reposez-vous. Mais prenez garde : Si, à l'état de santé, l'oisiveté n'est pas directement dangereuse, parce que l'esprit et le corps ont mille sujets d'occupations et de dis-

traction, malade, au contraire, votre pensée suivra
forcément les lignes de moindre résistance, sai-
sissant les sujets de réflexion que lui offre la souffrance et le désir mal contrôlé. Le malade cen-
trera son activité cérébrale sur lui-même. Les
tendances de sa nature lui proposeront leurs
pentes fatales. « Le chat qui dort » et « le cochon
qui sommeille » au fond de toute âme humaine
rouvriront l'œil, et le plus mauvais. Adieu alors
repos et propreté morale. De là à la neurasthénie,
il n'y a qu'un pas. N'oubliez pas qu'elle est au guet
et que seul le maintien au gouvernail de la puissance et de la discipline de la raison, peut nous
garantir contre elle.

L'habitude du travail perdue, on sait combien
difficile il est de la reprendre, même après
quelques semaines de loisirs. Que sera-ce après
des mois, des années de flânerie, de vagabondage,
de dillettantisme cérébral ? La fonction cessant,
l'organe s'atrophie. Vienne l'heure de l'effort, de
la réaction, des dérivatifs nécessaires, on ne sait
plus ni penser, ni s'occuper, ni travailler.

C'est pourquoi je crois que c'est avec une grande
précaution et seulement chez les travailleurs ha-
bituels et les surmenés, que l'inactivité absolue
doive être conseillée.

De toutes façons, il faudra trouver une distraction, un aliment pour capter les énergies mentales
et sensorielles. Dans ce cas, mieux vaut mal agir
que n'agir pas. C'est la pensée inemployée la grande
pourvoyeuse de la névrose.

Donc, si après un essai consciencieux de repos
complet, vous ne vous trouvez pas guéri, reprenez

de l'occupation. Vous ne vous en trouverez pas plus mal et vous éviterez la déchéance intellectuelle, l'inertie morale, la paresse qui, si souvent emprunte le masque de la fatigue. Mêlez-vous à la vie sociale, remplissez vos devoirs de famille. Vous êtes diminués. non tarés. N'allez pas dans des établissements de cure. Ne vous comptez pas parmi les incurables. Si le traitement institué ne vous réussit pas, adressez-vous ailleurs, c'est le moment de la recherche, de la stratégie sur tous les champs. Ne quittez pas un traitement par impatience. Ne courez pas d'un maître à un autre. Mais ne vous entêtez pas à suivre une prescription qui ne vous profite pas. Quand vous quittez une méthode, consultant successivement plusieurs médecins, c'est souvent parce que vous craignez de vous plier à ce qui vraiment pourrait vous guérir. Cela, vous le connaissez. Vous n'avez pas le courage d'y recourir. C'est peut-être un remède radical et pénible, ou bien c'est de renoncer à une occupation, un plaisir, une lubie, objet particulièrement précieux pour vous. L'épine qui vous blesse vous en connaissez ou soupçonnez la présence, mais plutôt que de l'arracher, vous préférez essayer de moyens dont vous savez au fond l'inefficacité.

*<br>* *

Supposons maintenant que notre malade, malgré ses luttes et ses essais, ne réussisse pas à regagner sa santé, il passe au stade suivant, à *la période d'état*.

Son entourage, (famille, amis) qui a passé par toute une série d'inquiétudes, change de conduite à son égard. On ne peut empoisonner sa vie d'angoisse. Le malade se sentira abandonné. On s'habitue à le voir souffrir. Charles ou Emilie est malade. C'est une chose admise, presque une profession. Quelques tentatives encore et à présent on le sait : il ou elle « a essayé de tout » et se résigne. Charles ou Emilie s'adapte au mal ou celui-ci s'adapte à lui ou à elle. Et enfin l'entourage s'adapte à Charles ou à Emilie, à ses particularités, à ses manies.

Le malade chronique réduit au minimum ses obligations, ses joies et ses peines. Il s'applique ingénieusement à organiser sa vie de façon à en recevoir le moins de heurts possibles. Après des révoltes, des reprises, des déceptions nombreuses, il s'estime enfin heureux de ne pas souffrir davantage. Désormais, sa vie s'écoulera diminuée, rétrécie, jusqu'aux vieux jours...

Tout va bien si les choses en restent là. Mais malheureusement — ou peut-être heureusement — il en est rarement ainsi. Un mal ne reste pas immobile. Il évolue. Il s'étend en surface et en profondeur, se compliquant et envahissant de nouvelles parties de l'être. La fonction crée l'organe, elle le détruit aussi à la longue, en s'altérant. *En profondeur* signifie que le mal gagne et détériore les couches intérieures de l'être moral, sa sensibilité, son jugement, son intelligence, en un mot la « psyché ». Le malade glisse à la neurasthénie, à la psychasténie. Il touche le fond de l'abîme. Le tableau change.

Ce n'est plus l'homme social à qui sa santé
« petite », « chancelante », ou même « déplorable »,
défend un travail suivi ou une vie d'agrément,
mais qui reste « patient » et « philosophe » dans
un *statu quo* organique, un pseudo équilibre
nerveux et une quiétude morale relative, grâce
auxquels la vie lui paraît tout à fait supportable.
C'est maintenant un corps épuisé dont le mécanisme entier grince et peine continûment et que
les matériaux ingérés infectent plus qu'ils ne nour-
rissent ; c'est un système nerveux à la fois exalté
et usé jusqu'à sa fibre la plus intime, c'est une
sensibilité dont les manifestations, au lieu de pro-
curer des émois passagers, vivifiants, heureux ou
malheureux — ne sont plus qu'autant d'occasions
de souffrances, se répercutant dans tout l'être en
ricochets multiples et prolongés ; c'est enfin le
mental atteint lui aussi, inquiet, tourmenté, pho-
bique, incontrôlable, vagabond, perverti, avec son
cinématographe d'images incohérentes, obsé-
dantes. Et au-dessus de cette anarchie de la personnalité, subsiste une volonté affaiblie, héroïque,
s'efforçant de diriger ces tronçons épars, méconnue,
désespérée. Fonctions anormales, émotivité anormale, idéation, conscience anormales ; effort de
paraître et de dissimuler, dégoût, indifférence,
détresse intérieurs ; ajoutez à tout cela un milieu
terre à terre pour qui l'hypersensitivité du nerveux
n'est que pose et niaiserie, vous verrez ébauché
devant vous, un tableau ne rappelant pas de trop
loin ceux qui prétendent à décrire l'enfer.

Que peut entreprendre le malade pour améliorer
cette horrible situation ? Remplacer une lutte

stérile par une lutte utile. Il faut qu'il se reconnaisse enfin inapte à vivre comme les bien portants, qu'il abandonne un combat au-dessus de ses forces, qu'il change de tactique. S'il le peut, il quittera son milieu, sa famille, ses occupations. Il abdique pour son propre bien et celui de ses proches. Chez lui, il n'est plus qu'un poids, un sujet de malaise, d'anxiété, d'irritation. Il n'y peut trouver le calme qui, maintenant, lui est nécessaire pour reprendre son équilibre.

S'il ne peut s'en aller, qu'il condamne sa porte, qu'il abandonne tous travaux et fatigues, qu'il se déclare incapable de gérer ses affaires. C'est l'heure du renoncement, du repos. Dans le silence et la solitude, il verra peu à peu tomber l'armature artificielle qu'il s'était confectionnée, la tension nerveuse qui, en guise de force vitale, le faisait marcher. Il vivait sur un filet tendu sur un gouffre. Le voici au fond du gouffre. Mieux vaut y descendre tranquillement de plein gré, que d'y choir par la brusque rupture des mailles.

Voici l'anéantissement, l'état véritable, sans claquement de fouets excitants. Et puis la lente régénération d'un psychisme à peu près normal. Et ce sont deux nouvelles voies qui s'offrent au patient : la résignation ou la reprise de la lutte.

S'il choisit la première, respectez sa décision, c'est votre devoir. On ne peut lui demander davantage. Il a peut-être fourni la somme d'efforts qui lui était demandée durant cette vie. Toute tentative nouvelle serait probablement vaine ou nuisible. Le mieux est l'ennemi du bien, si relatif soit-il.

Le malade, moralement paisible, se retire de toute
existence active. Il vit de peu et pour peu, et s'il a
le calme intérieur, tout est bien. Il durera peut-
être longtemps encore. C'est la dernière phase
que nous avons appelée : terminaison.

Mais cette heureuse philosophie, il n'a pas toujours su la gagner. Et c'est cela qui, dans bien
des cas, le poussera à choisir l'autre voie —
la reprise de la lutte. C'est aussi la période ul-
time qui débute, mais la terminaison peut être la
guérison, ou un rétablissement plus ou moins
réel.

Faisons en une brève esquisse.

Sur le conseil d'amis, ou pour une raison fortuite,
le malade se décide à consulter de nouveau. Il ne
s'adresse plus à la médecine officielle ordinaire,
à laquelle il ne croit plus, mais à des originaux,
des spécialistes, des empiriques, ou à des méthodes paramédicales, psychologiques, spirituelles.
Son engoûment pour tel ou tel système ne durera
pas longtemps. L'expérience lui a appris qu'il ne
faut pas trop se fier aux autres, que le meilleur
guide est soi. Les médecins qui le fortifieront
dans cette foi auront des chances de l'aider, les
autres, non. Le genre de thérapeutes qui convient
à cette phase est spécial : psychologues, oseurs,
convaincus, ce sont les hommes magnétiques.
C'est de sa volonté propre que le malade peut at-
tendre le salut. Il connaît la valeur des médications,
des conseils, des raisonnements, la force et la faiblesse de son esprit, ses ressources intérieures,
les pratiques efficaces, les recours inutiles. Eclec-
tique, il tire parti de tout, doctrines, systèmes,

prescriptions. Il évite de se cantonner dans une méthode séduisante, il y goûte, et la rejette, si elle ne lui est pas appropriée, fut-elle bonne pour dix mille autres. Car tomber sous une sujétion étrangère est ici dangereux. C'est l'autonomie, la soi-conscience, la direction farouche de soi-même, qu'il faut acquérir. Personne ne doit influencer vos décisions. J'ai dit plus haut que l'analyse de soi est indispensable à certains tournants. C'en est un. On sera momentanément égoïste La lutte est terrible. Il ne s'agit pas de l'entraver par des soucis, des énervements étrangers à la cure. Le ressuscitant se dira : « je puis tout, puisque j'ai en moi un moral supérieur, une direction omnisciente, vouloir divin. Dans l'exercice de cette volonté libre et mûrie, je centrerai toute mon attention, tout mon intérêt, non dans telle distraction arrachée au cours douloureux de ma vie. Je ne m'acharnerai pas à travailler, à jouir *quand même*. Mon travail, mon plaisir actuels, c'est le jeu habile de mon Ego, de mon esprit, la conquête de ma santé. Elle sera mon chef-d'œuvre.

Un écueil : l'impatience. On gardera l'état d'esprit de quelqu'un qui croit à la vie progressive et infinie, qui sait que le temps est à lui, qui construit pierre à pierre, comme un artiste, non dans la fièvre. Il se peut qu'un élan subit, qu'un secours extérieur, l'emportent rapidement. Il ne doit pas y compter. Répétons-le : ce qui lui est demandé c'est de posséder, à sa guérison, et par sa guérison, une vision plus sage et consciente et cette domination de soi si laborieusement conquise. Alors

la maladie aura été un bienfait et la guérison sera
une gloire. Sachant que toute évolution se fait par
courbes successives, le malade appliquera ce principe à sa cure et ne craindra ni les rechutes, ni les
stationnements. Ayant acquis la science de lui-
même, il connaîtra le genre de stimulation qui lui
convient et ne se laissera pas importuner ou presser
par son entourage. Certaines natures vont vite,
d'autres lentement. Il classera la sienne. Il en-
tretiendra constamment dans son esprit des pen-
sées-images favorables se rapportant à son avenir.
Il en bannira celles de maux imminents qui peuvent
le hanter. Il dressera et mènera à la bataille son
imagination jugulée : « L'homme devient ce qu'il
pense ».

Dans ce combat final le patient peut échouer ou
réussir. Mais s'il a fait tout ce qu'il pouvait,
il a fait tout ce qu'il devait. La nature ne lui
demande pas plus et comme la plus belle fille du
monde il ne peut donner que ce qu'il a. Echec ou
victoire seront honorables. Il mérite le repos. Ce
n'est pas toujours la guérison physique, car la
maladie, nous l'avons vu, est l'élimination dernière d'un Karma ancien, et elle demande parfois
du temps, mais ce que le souffrant doit chercher à
obtenir c'est l'apaisement moral, la satisfaction
intérieure. Quel que soit son état physique, les critiques, l'opinion de son entourage ne le trouble-
ront plus. Il a fait son devoir. Il est en accord
avec sa conscience.

Si votre esprit est insatisfait, soyez sûrs que la
cause en est, soit le pressentiment de quelque
chose que vous pourriez faire pour votre bien et

que vous ne faites pas parce que vous l'ignorez
encore, soit le remords de savoir que vous devriez
faire quelque chose que vous connaissez et de ne
pas le faire par indolence ou pusillanimité. Cette
omission réparée, vous pouvez dormir tranquilles,
quelle que soit l'issue du combat. La terminaison
est souvent la guérison plus ou moins complète.
Ici, nous abandonnerons notre pèlerin sur le
chemin de la vie où d'autres épreuves l'attendent,
mais ne le terraserons plus, car il est aguerri
par sa victoire sur l'une des pires qui soient :
la maladie.


## II


Nous allons maintenant examiner les rapports
entre le malade et son entourage : médecins, famille, amis. Commençons par la famille, les
amis.

Il faut avant tout que le malade se persuade
d'une chose : la mentalité et la manière de vivre
des gens bien portants représentent la mentalité
et la manière de vivre normales, la manière de
vivre et la mentalité des malades sont anormales.
Cela paraît bien évident et cependant il n'y a pas
de plus sévères critiques de la société, des mœurs,
de la vie que les malades. Mis à l'écart de l'existence de ses semblables (maintenant ses *dissemblables*), inapte à partager leurs intérêts et leurs
plaisirs, le malade se trouve partagé entre le regret, l'envie et une appréciation nouvelle des valeurs des choses. Privé de plaisirs, il en perd le

goût et prend souvent cette indifférence pour de la
haute sagesse. Faisant de nécessité vertu, il oublie
que celle-ci, imposée du dehors, risque terrible-
ment d'être bien peu solide. Ce n'est pas ainsi
que l'on mâte ses appétits inférieurs. S'il consacre
les loisirs de son état à la réflexion et à l'étude
des vérités profondes, la maladie l'aidera puissamment à se dégager des liens matériels. Mais
ce n'est qu'à l'épreuve, ce n'est que devant la ten-
tation et la difficulté, par l'exercice et l'action,
qu'il pourra constater jusqu'à quel point ses spéculations de chaise-longue lui auront profité. La
maladie vous montre l'idéal, met en vos mains le
feu de l'esprit. La vie seule peut vous apprendre à
saisir l'un et à vous servir de l'autre. Que le malade proclame cet idéal, fort bien ! Mais, de grâce,
qu'il s'épargne la fatigue de stigmatiser les fautes
et faiblesses d'autrui. Il risque d'être tout marri le
jour de la guérison, d'y retomber aussi vite qu'un
autre. Il en arrive à condamner les plus inno-
centes distractions, les coutumes les plus ordi-
naires, comme des forfaits de dissolution. Ce penchant lui fait du mal, en l'aigrissant et en
l'éloignant de l'existence normale, vers laquelle il
doit tendre de toutes ses forces. Avant de devenir
surhomme, il faut être homme. Laissez vos manies. Elles ne servent à personne et vous font
ressembler à un aveugle qui voudrait conduire
des voyants. Le monde est aux vivants. Ils ont
d'autres mesures que vous. Il leur est indispensable de se dépenser, de s'agiter, de rire et de
pleurer. Ces choses sont pénibles à vos nerfs
exacerbés ; elles vous paraissent démesurées. Vous

réduiriez volontiers le monde à votre aulne de va-
létudinaires !...

J'ai dit que dans les périodes de début de la
maladie, le patient ne doit pas quitter la société,
ni faire peser sur elle sa propre peine. Il s'as-
treindra à penser, à parler et à agir comme un
bien portant. Il fournira cet effort coûte que coûte,
car plus tard celui-ci deviendrait une tension, un
héroïsme excessifs.

Tant qu'il est parmi les siens, qu'il fasse bon
visage à mauvais jeu. Ses plaintes ne servent à
personne. Trop souvent répétées, elles éveillent, si
justes qu'elles soient, plus de scepticisme et
d'agacement que de pitié. On ne le croit plus et
des rapports aigres-doux s'établissent avec son
entourage. Le malade les aggrave encore en se
morfondant dans sa mélancolie, laquelle devient,
peu à peu, un pli, une humeur irrémédiables.

Je sais bien. Vous souffrez constamment. Vous
voyez votre parent, votre ami souriant et gai, réagissant contre l'inquiétude et la peine que lui
cause la vue de votre mal, alors que seule une
compassion tendre et douloureuse, vous paraîtrait
en harmonie avec votre état. Ne vous arrache-t-il
pas à vous-mêmes des larmes de désespoir in-
soupçonnable ? Et vous voilà vexés, irrités,
sombres. Vous iriez même jusqu'à exagérer
vos douleurs pour éveiller la pitié absente. Fu-
neste penchant, raisonnement égoïste et vani-
teux. Réfléchissez : Vous souffrez. Une douce pitié
vous soulagerait. Or, vous ne l'obtiendrez que si
vous la méritez et vous ne la mériterez que si
vous vous montrez ferme et courageux. Etaler,

dramatiser vos maux, vous attendrir sur vous-mêmes n'a pour effet que de les augmenter réellement. Les dominer en souriant, montrer un visage toujours aimable, même avec la mort dans l'âme et dans le corps, cela, au contraire, aura pour résultat d'adoucir votre souffrance, d'en supprimer la part imaginaire, de vous attirer la sympathie des autres. Vous serez un objet d'édification, non de malaise et de pitié. On ne doit certes pas conseiller au malade de dissimuler farouchement ses maux, comme des tares honteuses. Les pensées et les actes qui en furent causes, peuvent être honteux. Ceux-là sont passés ou invisibles. La maladie est expiation et mérite le respect. Il faut être simple, parler franchement, mais sans complaisance, de ses souffrances, de ses fatigues. Un extérieur trop renfermé cache plus souvent un tourmenté ou un orgueilleux qu'un stoïque et un patient. L'art d'être malade est difficile.

Dans la période d'état, surtout lorsqu'elle se complique de neurasthénie, nous avons vu que le meilleur parti à prendre est de quitter l'arène, de se retirer dans un lieu paisible ou un établissement de cure. On y trouve un personnel médical vis-à-vis de qui l'humeur difficile et morose du malade n'a pas les mêmes inconvénients. On y est habitué. Sa fatigue, sa dépression, toutes physiologiques, risquent moins d'y être prises pour de la froideur ou du caprice, ce qui fut constamment pour lui objet de rancœur et de chagrin. Dans ce nouveau milieu, il rencontrera aussi d'autres malades. Cette fréquentation plutôt contre-indiquée dans les premiers et derniers temps de la maladie, n'est pas ici sans avantage. Le morne visage de la souffrance d'' ourne bien d'anciennes connaissances. Seule la véritable affection résiste à l'épreuve. Mais de nouvelles amitiés se lient parmi ces compagnons d'exil et de misère. Il y a un abîme entre le malade et l'homme sain même quand celui-ci est un ancien malade. Ils ne parlent pas la même langue. Cet abîme n'existe pas entre deux malades. Ils connaissent des faiblesses, des difficultés, des empêchements semblables. Malgré les défauts regrettables qui fleurissent souvent entre eux, comme l'envie, le secret désir de voir son voisin plus malade que soi, l'approfondissement de maux communs, leurs rapports sont pourtant beaucoup moins pénibles que ceux qu'ils entretiennent avec les bien portants, et souvent plus efficaces. Lorsqu'on souffre on est plus simple et naturel. La sympathie se base sur des sentiments plus profonds. La pitié, l'amour s'éveillent. On voit d'aussi atteints, de plus atteints que soi. On ne se sent plus *paria*, intrus. Mutuellement, on se console, on se soutient, on s'encourage. Mieux que nul autre, un malade comprendra son congénère et souvent pourra l'aider.

****

L'entourage aussi a des devoirs vis-à-vis du malade.

Un bien portant, tenté d'accuser de découragement et de molesse un malade depuis longtemps languissant, devrait songer à ce qu'il éprouve et à

la façon dont il se conduit lui-même, au cas où,
par aventure, il se trouve atteint pendant un jour
ou une semaine, d'une indisposition, d'une mi-
graine, d'un malaise éprouvants, mais passagers.
On le voit se plaindre amèrement, garder la
chambre, gémir qu'il deviendrait fou s'il devait
rester longtemps inactif, que son travail est com-
promis, que sa souffrance est intolérable et qu'il
est perdu. S'il est fort, il prendra sur lui et ba-
taillera bravement contre son mal, fier de sa volonté indomptable. Le malade chronique lui, qui
souffre ainsi et plus, depuis des mois ou des
années, dont le ressort et le goût de la vie sont
disparus depuis longtemps, les nerfs sciés, le
moral épuisé, ce malade est tenu à un effort autrement puissant et ne peut que sourire ou se ré-
volter devant l'arrogance de son critique.

Il est louable d'essayer de remonter le malade
morfondu et dévitalisé et de lui exposer tout ce
que l'on ferait si l'on était atteint du même mal
que lui, mais il est extrêmement douteux que l'on
agirait comme on le pense si quelque baguette
magique pouvait transfuser la maladie du patient
au bien portant. Dès lors il vaut mieux être modeste. Encouragez le malade, incitez-le à l'action,
si c'est nécessaire, mais faites-le avec la conscience de l'effort que vous lui demandez, effort
probablement supérieur à tous ceux que vous
fournissez vous-mêmes, quotidiennement. Si vous
lui parlez dans cet esprit, vous le ferez avec bonté
et douceur, sans cette rudesse qui lui fait mal. Si
vous jugez qu'un ton sévère ou vif lui est favorable,
le secouera, usez-en, mais *à froid* comme l'on ré-

primande un enfant. Alors vos paroles porteront.
Inspirées au contraire par l'irritation et l'impatience, elles n'auront pour effet que de désespérer
le malade, le faire rentrer dans sa carapace, in-
compris et aigri contre vous, la société, tout et
tous. Vous n'aurez réussi qu'à vous aliéner sa
sympathie, qu'à tuer son affection.

Au surplus, c'est moins de paroles que le malade a besoin pour sortir de sa torpeur, que d'as-
sistance réelle. Que veut-on obtenir ? Que le malade réagisse, travaille, ou au contraire se soigne,
se repose, qu'il marche, qu'il mange, qu'il revive.
Ce ne seront pas vos discours et vos morigéna-
tions qui lui permettront d'accomplir ces choses
qui représentent pour lui des montagnes à soule-
ver. Il faut l'y entraîner, l'y amener, le distraire,
sans qu'il s'en aperçoive, par l'entrain, la gaîté,
mille moyens pratiques, non théoriques. Gagnez
son affection et sa confiance, ensuite, vous le
guiderez sûrement. Pour cela, il faut un dévouement, un amour véritables, une âme de Samari-
tain. Si vous ne vous en sentez pas gratifiés,
confiez vos malades à ceux qui pratiquent l'aide
aux souffrants par vocation, profession, ou par
goût. Contentez-vous de leur témoigner de la bonté
et de la compassion. Cela ne leur fera jamais de
mal. Ne dites pas « il ne faut pas gâter les malades ». Craignez que cette raison n'en cache une
autre plus égoïste, l'ennui de vous dépenser sans
fruit personnel. Le malade est un sevré de l'existence. Vous abrégerez son calvaire en y semant
des fleurs. Et, croyez-moi, le malade est un enfant,
il se contente de peu. Ne traitez pas ses doléances

même fastidieuses et fatigantes par le mépris.
Comprenez-le, croyez-le. Il n'y a aucun agrément
à se plaindre sans cesse. Je ne crois guère aux
simulateurs et aux exagérateurs. Ils sont rares et
leurs pratiques sont souvent provoquées par la
méfiance et l'indifférence de l'entourage. Ecou-
tez-les avec soin et intelligence et ils ne vous
diront que la vérité. Laissez-les se décharger de
leurs soucis, qui sont légion, sinon ceux-ci risquent en les intoxiquant de les mener à la mélancolie, à l'obsession, à la névrose. Soyez pour eux
l'occasion d'une dérivation bienfaisante. Le « c'est
nerveux » du médecin imprudent ou embarrassé a
fait plus de mal que toutes les drogues incrimi-
nées. A supposer — ce qui est douteux — qu'il y
ait des symptômes purement imaginaires, le malade qui en est atteint, est doublement à plaindre
puisque ni poudres, ni pilules ne peuvent le soulager et qu'il réclame un traitement moral beaucoup plus long. Une grande proportion de maladies dites nerveuses est l'œuvre de la *neuromanie*
des médecins qui, ignorant l'existence des corps
invisibles, ne peuvent atteindre la cause réelle et
*matérielle* du mal et s'en tirent en prétendant tout
uniment que celui-ci n'existe pas.

Le docteur qui pose ce diagnostic facile ne se
doute pas des drames qu'il provoque parfois dans
les familles. Les parents, heureux de pouvoir se
décharger de leurs inquiétudes, accusent le malade
de grossir son mal et ne prennent plus ses plaintes
au sérieux. Le malheureux, conscient de ne pouvoir
réagir davantage contre ses symptômes, ne sachant comment s'y prendre et souffrant d'ailleurs

infiniment plus qu'il ne le dit, la volonté écrasée
par ses malaises soi-disant illusoires, le malheureux malade se sent abandonné des hommes et
même des dieux, ses médecins, s'encapuchonne
dans son malheur et s'enterre dans un mutisme,
un égocentrisme de plus en plus incurables.

Une autre erreur, c'est de comparer les troubles
dont un homme est accablé, à ceux que l'on a ou
à ceux que l'on a eus et de vouloir les traiter par les
mêmes moyens qui guérirent ces derniers. Malgré
leurs analogies, les maladies et surtout les tempéraments peuvent être absolument dissemblables.
Chaque nature a ses réactions, ses voies et direc-
tives. C'est le repos qui guérira A et l'exercice B
d'une même maladie, le remède pour A est poison
pour B, et inversement. Gardez-vous, en un mot,
de juger à la légère du caractère de votre prochain,
surtout s'il est malade. Pour le faire équitablement,
il faudrait entrer dans sa peau, opération difficile
qui ménagerait probablement bien des surprises.

Les malades sont égoïstes, dit-on. Ils n'ont cure
que de leur personne, ne pensent qu'à leurs maux,
à leurs intérêts, redoutent tout ce qui pourrait les
léser ou nécessiter un effort quelconque. Ils ne se
soucient de ce qui se passe autour d'eux qu'en
tant que cela les touche. Ces graves accusations
sont-elles justes? D'abord concernent-elles uniquement les malades? Chez ceux-ci, les travers
sont souvent plus visibles, mais examinez les
autres. L'intérêt qu'ils portent à leur machine physique est moindre naturellement, puisqu'ils n'en
souffrent pas. Mais leurs intérêts moraux, leur situation, leurs ambitions, leurs satisfactions maté-

rielles et sentimentales, leurs plaisirs, leur travail, *et cetera*, toutes choses dont le malade ne se soucie guère ! Chez lui, l'égoïsme semble plus frappant, parce qu'il est contenu entre les quatre murs d'une chambre. Cet égoïsme, au demeurant, est un instinct de défense et de conservation permettant au malade, obligé de mesurer et de restreindre ses dépenses dynamiques et affectives, de garder les forces indispensables à son existence et à sa guérison. (Nous avons vu plus haut, combien cet égoïsme est inévitable, surtout au moment de la reprise de la lutte pour la santé.) Occupé constamment à batailler avec les symptômes qui l'assaillent, à les maîtriser, à les supporter, à les dissimuler, souvent inactif de corps et d'esprit, de quoi ce souffrant s'occuperait-il d'autre que de sa souffrance et comment donnerait-il au spectateur sain et inexpérimenté une impression différente ? Impression souvent inexacte. Car innombrables sont les intentions, en grande partie méconnues, des malades vis-à-vis de leur entourage, dans le but d'épargner à celui-ci dés craintes, des charges, des ennuis. Qui dira combien de fatigues, de peines, ils affrontent pour cacher et rendre moins offensif leur mal ? Ce qui pour un homme normal n'est qu'un geste tout simple, est fréquemment de la part du malade un acte d'héroïsme et d'amour.

Néanmoins, malades, gardez-vous d'un excès d'égoïsme ! Idéalistes, surtout, vous avez le devoir de fournir un plus grand effort, d'accepter des sacrifices plus entiers. Vous êtes débiteurs et vous avez une leçon à apprendre de votre douleur, sans

quoi vous n'en serez point quittes, ne l'oubliez
pas.

Bien portants, aidez-y les souffrants ! La
meilleure manière c'est encore le dévouement, la
bonté. Ils finiront par éveiller dans l'âme du malade, la honte des sentiments mauvais qu'elle peut
recéler et lui feront faire ce que remontrances et
raisonnements n'auront pas su obtenir. Comme
partout, le mobile du progrès, c'est le consentement personnel, l'initiative issue de l'être profond,
la volonté subitement surgie. Tout autre acte est
éphémère. Or, cet essor, germination divine en
nous, a besoin, pour se produire, de chaleur, de
soleil. Cette chaleur c'est la pitié. Ce soleil c'est
l'amour. Il n'en est point d'autres.

*
* *

Au médecin maintenant. Plus que jamais, il est
de mode aujourd'hui de décrier la Faculté. Quelle
est la cause de cette impopularité grandissante ?
D'abord, elle n'est pas nouvelle. De tous temps, les
anciens malades qui essayèrent vainement de tous
les médecins et de toutes les médecines, sans trop
de conviction, ni de ponctualité ; les mondains, les
oisifs, les neurasthéniques aigris ; enfin les victimes de la drogue et du bistouri, tous ces blasés
des ressources de l'art médical ont déblatéré
sur le compte de la médecine et de ses docteurs.
Beaucoup s'adressent aux empiriques et vantent
leurs miracles, sans songer que si les professionnels échouèrent et si les charlatans réussirent
à les sauver, c'est souvent moins à ces derniers

qu'ils le doivent qu'à eux-mêmes, ayant enfin montré de la bonne volonté et de la confiance.

Nous avons vu plus haut ce qu'il faut penser des critiques impitoyables adressées aux docteurs. Le corps médical comprend :

1° Des médecins savants et sincères ; 2° Des spécialistes, inventeurs ou partisans de cures ou de remèdes particuliers, souvent fanatiques et partiaux. Malgré une systématisation parfois excessive, ils ne doivent pas être confondus avec les charlatans et les exploiteurs ; 3° des médecins malhonnêtes qui songent avant tout à détrousser leurs clients

Laissons de côté cette troisième classe inintéressante et facile à démasquer. Quant aux deux autres, leurs détracteurs les accusent également de tuer plus de monde qu'ils n'en guérissent, de capter la confiance de leurs patients dans un but de domination ou de mercantilisme, et même sincères, de les entretenir dans la crainte de leurs maux en leur inculquant des idées morbides responsables de leur mauvais état de santé.

Ce jugement est-il fondé ? Je crois qu'il est aussi déraisonnable de discréditer à l'excès les professionnels de la médecine que d'en devenir l'esclave. A chacune des époques de la maladie, recommandons au malade de garder intacte sa liberté d'opinion et d'action. Si le patient désire sincèrement guérir, le médecin désirera aussi qu'il guérisse. Le médecin doit être aidé par le malade. Trop souvent ce dernier lui rend la tâche presque impossible par défiance, par résistance ou inertie. Il montre un égoïsme, une ingratitude remarquables,

demandant des soins et réclamant la guérison
comme on achète une marchandise et en réclame la
livraison. Passe encore si ce n'est qu'un mal physique à supprimer, mais pour peu qu'il trouble la
résistance nerveuse et morale, le traitement n'est
plus un marché mais une collaboration. On exige-
rait facilement du médecin qu'il connût d'emblée
tout le caractère physique et moral de son patient. Le malade doit y mettre du sien et considérer son docteur non comme un chef et un prophète, mais comme un confident, un frère plus
instruit dans son domaine particulier ; il doit reconnaître les efforts du médecin, la patience et la
persévérance qu'il déploie ; sa force d'âme lorsque,
chargé de soucis, il écoute, remonte et supporte
son client ; son intelligence, quand il s'ingénie à
découvrir le remède sauveur. Le malade doit vouer
de la reconnaissance à son docteur même s'il se
trompe.

*<br>* *

Comme toute chose, maladies et malades, médecins et médecine évoluent. Le malade n'admet
plus l'autorité infaillible de la Faculté. Plus instruit sur les choses de la pathologie et de la thérapeutique, il entend s'associer à la recherche du
diagnostic et à la conduite du traitement. Il est
méfiant et averti.

Quant aux maladies, elles évoluent parallèlement à la civilisation et à la mentalité humaine.
A notre époque troublée et compliquée, corres-
pondent des formes morbides complexes, maladies

« nerveuses » « psychiques », aux phénomènes
imprévus et bizarres. La théosophie enseigne que
la majorité de la population terrestre acquerra
dans un avenir qui n'est pas trop lointain, la vision *éthérique*. Une activité anormale et préma-
turée du *corps éthérique* semble s'éveiller dans
des cas pathologiques, où ce « double » a des
velléités de déplacement, d'extériorisation, créant
chez certains malades toute une symptomatologie
incompréhensible pour eux-mêmes et pour ceux
qui les traitent. Tels sont nombre de perturba-
tions du système nerveux, de la sensibilité et de la
conscience... Tous ces troubles ont attiré l'attention sur les complexités de l'être humain et l'étiologie profonde des tares qui l'atteignent. Consé-
quemment, certaines branches de la médecine se
sont considérablement développées, d'une part
celles qui se rattachent à l'hygiène physique et
morale, réaction contre la vie anti-naturelle, phy-
siothérapie, etc... d'autre part toutes ces variétés
thérapeutiques qui se ramifient autour de la neu-
ropathologie et de la psychothérapie.

Le médecin lui aussi a évolué vers la psychologie, l'éthique et la philosophie, à la recherche
d'une conception plus satisfaisante et profitable
de la vie et de l'homme.

Et cependant, le client n'est pas content. Il
trouve le médecin pédant, dangereux et incompré-
hensif, la médecine théorique est décevante. On
ne peut cacher que sur bien des points il ait raison. Surtout en médecine nerveuse et psychique,
l'homme de science tâtonne dans les ténèbres de
l'hypothèse et de l'empirisme, car il lui manque

la vraie connaissance de l'âme et de la constitution humaines. Il est juste toutefois que la science ne progresse que pas à pas. A défaut de cette rigueur sceptique, il manquerait une pièce à l'appareil du savoir et le char de l'humanité risquerait de verser, pour avoir voulu s'envoler trop vite. Le tempérament de la connaissance positive est nécessaire, mais nous aimerions voir savants et docteurs plus attentifs aux valeurs de l'esprit et de l'occulte. Ils feraient moins de victimes et de détracteurs.

Où vont-ils ces ennemis de la science officielle? Chez les empiriques. Que faut-il entendre par ce terme? Il ne doit pas être pris dans un sens nécessairement péjoratif. Seront rangés sous cette dénomination, les demi-médecins, guérisseurs de tous poils, homéopathes (non médecins), hypnotiseurs, magnétiseurs, somnambules, herboristes, masseurs, etc... également les psychologues, spécialistes de la persuasion, de la « psychanalyse », de la suggestion, les partisans des méthodes optimistes, télépathiques, religieuses (Science chrétienne, « new thought »). Parmi ces empiriques, il faut aussi compter les charlatans, sorciers, exploiteurs usant de moyens tout à fait extra-médicaux, spéculant dans un but vénal, sur la crédulité et l'impressionnabilité du public souffrant. Tous ces profanes jouissent de plusieurs avantages sur les médecins : 1° Ils bénéficient et se servent — honnêtement ou non — du goût universel — encore aiguisé par la maladie — pour l'excentrique et le mystérieux, auquel leurs cures sont grandement

redevables de leurs heureux effets ; 2° Le patient
qui consulte un magicien ou un herboriste se dé-
pouille de son doute, de ses raisonnements para-
lysants. Le même remède employé par un professionnel et un profane pourra avoir un grand effet
entre les mains du second et aucun entre celles du
premier ; 3° L'empirique est souvent doué du talent de guérir plus que le médecin. Il a la vocation. Il n'a pas passé par des études stérilisantes
pour son génie ; riche de ses pouvoirs et de son
intuition, il ose, *il croit*, il veut. Ces raisons font
que le profane *guérisseur*, est un rival sérieux pour
l'homme de métier. Obtient-il une guérison, vite
l'événement est colporté, grossi, tandis que l'on
trouve banal et naturel qu'elle soit l'œuvre du docteur en médecine. Au lieu de railler les empiriques, les professionnels feraient beaucoup mieux
d'examiner attentivement leurs moyens et leurs
remèdes, de les perfectionner au besoin, et d'en
augmenter ainsi au moyen de leur science, le ren-
dement curatif.

Mais si bénévoles et amateurs ont du bon, ils
sont aussi souvent très dangereux. Sans parler des
exploiteurs et des imprudents criminels qui ruinent la santé de leur victimes, au profit de leur
bourse ou de leurs théories outrancières, les empiriques manquent de l'expérience clinique qui,
seule, confère l'habileté médicale. Ils appliquent
leurs remèdes, sans souplesse, ni appropriation.
Leurs panacées sont toujours miraculeuses sur
papier ou dans leurs discours, mais dans la pratique, elles ne guérissent que lorsqu'elles s'appliquent au cas traité, ce qui en limite considérable-

ment l'emploi. Dans tou   ls autres cas, elles sont nuisibles par contre-indication ou par omission.

Nous recommandons donc à ceux qui s'occupent de soigner les malades, de reconnaître scrupuleusement les limites de leurs pouvoirs, et d'envoyer au médecin avant qu'il soit trop tard, les malades qu'ils n'ont pas réussi à améliorer. Aux malades nous conseillons de commencer par le médecin régulier. Si celui-ci ne sait les guérir et après s'être bien persuadés qu'ils ne sont pas responsables eux-mêmes de l'échec du traitement, qu'ils s'adressent à tel thérapeute qui leur plaira, en observant vis-à-vis de celui-ci un discernement et une prudence redoublés.

*<br>* *

Donc, le médecin moderne, faute de connaissances occultes, sait mal guérir les maux de ses contemporains, surtout lorsqu'ils sont nerveux. Ignorant leur nature réelle, il leur applique une thérapeutique défectueuse ou insuffisante.

Eh bien, dira-t-on, vous théosophes, occultistes, qui prétendez avoir des lois de l'univers une connaissance transcendantale, avez-vous à nous offrir une thérapeutique plus efficace ? Montrez-la nous. On ne sache pas que l'art de guérir ait été révolutionné par vos révélations, sinon, soyez-en sûrs, les malades, peu regardants à l'étiquette que portent les sources de la santé, auraient eu vite fait de le proclamer bien haut.

C'est juste. A quoi tient cet état de chose ? A plusieurs raisons.

L'évolution ne se fait que lentement, surtout l'évolution scientifique, et les données nouvelles, pour être acquises définitivement au patrimoine de l'humanité, doivent être consacrées par la science. Celle-ci témoigne cependant, par des signes certains, d'une tendance vers une conception plus approfondie de la personnalité humaine (théories de Grasset, Janet, Déjerine, Vittoz, Freud, etc...) conception selon laquelle l'homme est un complexe de principes, d'éléments, de courants divers plus ou moins hiérarchisés par l'action cohérente d'une unité directrice individuelle. La thérapeutique parallèlement s'est modifiée : psychothérapie rationnelle, persuasive, suggestive, etc... rééducation, contrôle de la volonté et du psychisme, — toutes ces disciplines sont nées d'une psychologie nouvelle et tendent à modifier la structure morale de l'individu en faisant agir ses facultés inhérentes les unes sur les autres. Ces lignes récentes de la médecine sont encore dans l'enfance. Dépourvues de principes moraux et spirituels d'une part et de l'autre, d'une base objective et scientifique, elles se fondent uniquement sur l'expérience subjective et la spéculation théorique. Et ce sont les malades qui en pâtissent.

Une autre cause de l'absence d'une médecine spiritualiste vraiment efficace, c'est ce qu'on pourrait appeler le démérite (le *Karma*) *collectif* de l'humanité. Celle-ci ne recueille que ce qu'elle a gagné. Les tares qui la rongent sont la conséquence de sa mentalité égoïste et jouisseuse.

Aucune sérothérapie, aucune opération chirurgicale, aucune vivisection, si savamment préparées et perpétrées soient-elles, ne les déracineront avant que l'esprit des hommes ne devienne meilleur. Alors, seulement, naîtront ceux qui sauront soulager leurs semblables, et des cerveaux inspirés trouveront les remèdes souverains.

Enfin le bon occultiste est rarement médecin et le bon médecin rarement occultiste. Le premier n'a pas le temps de s'occuper d'occultisme et le second de médecine. Les études médicales comprennent une foule de branches; point celle-là. L'occultiste, instruit des principes de la physiologie et de la médecine, ne possède pas la connaissance expérimentale et la pratique clinique. Même s'il les connaît, il fera un mauvais médecin. Pourquoi? Parce que le vrai clairvoyant, l'occultiste avancé, se voue la plupart du temps à un travail différent, de plus vaste envergure. Surtout à notre époque, ses efforts tendent à répandre dans tous les champs, les idées spiritualistes, sans s'occuper directement de leurs applications détaillées. Cette tâche est dévolue à des disciples, des élèves. Si ceux-ci connaissent bien l'enseignement occulte, leur science en matière médicale, par exemple, restera surtout théorique et ses applications ne seront souvent qu'arbitraires ou intuitives. On ne sait bien que ce que l'on voit. Et ils ne voient pas encore la matière hyperphysique Il arrive aussi que, par abus de raisonnement et d'idéalisme, ils perdent l'intuition médicale qui est, chez le médecin, un bien aussi précieux que l'inspiration chez l'artiste.

Pour toutes ces raisons, souhaitons que les occultistes et les savants se tendent la main, afin que tout en sauvegardant la division indispensable du travail, une collaboration s'établisse entre eux, pour le plus grand profit des malades.

Quant aux spiritualistes de tout calibre, qu'ils ne lésinent point. Leur activité multiforme hâte l'évolution, atténue le dur destin de l'humanité, allège l'atmosphère dense du matérialisme scientifique.

***

Ce n'est pas le lieu ici — et je n'aurais d'ailleurs nullement compétence pour le faire — d'énumérer et d'apprécier les différentes doctrines et interventions médicales modernes. Je me propose seulement de rechercher leur tendance générale et le mécanisme caché de leur action.

En médecine générale d'abord : l'emploi croissant des agents naturels : eau, air, soleil, électricité, magnétisme, radium, végétarisme, ferments ; l'importance attachée à la diététique, les cures par les fruits, le jeûne, etc... l'abandon des drogues, tout cela indique la conviction grandissante parmi les médecins, que la nature extérieure et celle de l'homme contiennent en elles les pouvoirs curatifs que la médecine a pour mission de dégager et de seconder.

En neurologie et en psychiâtrie, il en est de même. Le spécialiste délaisse la pharmacopée et les moyens violents comme l'hypnotisme et la suggestion, et en appelle aux facultés supérieures de l'homme lui-même. Il emploie le raisonnement, la persuasion, la moralisation, la psycho analyse. Les méthodes empiriques, mentales et spirituelles (auto-suggestion, *mental* et *divine cure*, *new-thought*, « Christian Science ») agissent de la même façon, avec ou sans la collaboration consciente de l'intéressé.

Toutes ces cures reconnaissent implicitement que le désordre physique est la conséquence d'une faute ou d'une lacune d'ordre moral et ce sont celles-ci qu'elles cherchent à corriger. Elles s'adressent pour cela à la Trinité supérieure dans l'homme : la raison (manas), l'amour (bouddhi) la volonté (atma).

C'est toujours ce moi supérieur, cette monade intérieure qui répond. Que ce soit par le raisonnement, l'imagination, le sentiment ou le vouloir que l'homme s'émeuve, il faut, pour que la guérison s'opère, qu' « Atma », souffle divin, noyau, germe spirituel de l'homme soit ébranlé. *Atma*, c'est la volonté, le principe d'*existence* éternel. Quand la santé se rétablit, c'est lui qui a rallumé jusque dans le corps physique (son reflet inférieur) le feu de la vie. Inconscient, automatique presque, dans les courtes maladies organiques, plus ou moins conscient et volontaire dans les affections de longue durée, surtout celles de nature « psychique », tel est toujours, quel que soit le moyen employé, le processus de la guérison. Il est donc juste de prétendre, comme le font certains fanatiques, que seul Dieu nous guérit, et que la foi nous sauve. Car *Atma* c'est Dieu en nous et la foi c'est l'affirmation de cette réalité dans notre chair.

** **

Cette nature essentiellement spirituelle de notre être et de toute la nature a formé le motif principal de plusieurs écoles de pensée et de méthodes curatives d'origine américaine. La plus répandue est la « Science chrétienne » (1), qui mérite de retenir notre attention.

Eminemment *panspiritualiste*, la Science chrétienne proclame : Il y a un « entendement divin » et un « entendement mortel ». Le premier c'est l'esprit, reflet de Dieu dans l'homme, tout amour, toute perfection. Le second est faux. Il croit à la mort, au péché, à la maladie, toutes choses qui sont imperfection. Perfection et imperfection ne pouvant co-exister, il s'en suit que cette dernière est illusoire. La maladie est une fausse croyance, un rêve dont il faut se réveiller. Pour trouver quoi? L'esprit, seule réalité. Et comment naître à l'esprit? Par l'affirmation. Le *traitement par la vérité* peut être exécuté par le « soi-disant malade » lui-même ou par un autre, en vertu de la solidarité et de l'unité des hommes sur le plan spirituel qui ne connaît aucune limitation de temps ou d'espace. Si le malade ou le praticien avaient assez de foi, la maladie disparaîtrait immédiatement et l'homme serait libéré de l'illusion de la matière.

(1) Eglise fondée en Amérique par M⁸ Baker Eddy et qui compte un grand nombre d'adhérents.

C'est là certainement, selon la Théosophie, le terme de l'évolution humaine : l'homme, affranchi des liens du désir, en possession de sa personnalité et des lois de la nature qu'il connaît et qu'il sert, cet homme conscient dans tous les états de la matière désormais plastique entre ses mains, c'est l'homme parfait : le maître. Il ne souffre plus d'aucune maladie et il ne connaît ni mort, ni péché.

Mais avant d'atteindre la *Maîtrise*, il n'est qu'une manière de progresser, c'est par l'expérience. Il faut se tromper maintes fois et la conséquence de l'erreur, c'est souvent la maladie. La leçon peut être longue et sévère. Elle ne doit pas être escamotée. Elle éveille successivement l'une ou l'autre de nos facultés. Nous devons apprendre tantôt l'effort, la réflexion, l'énergie, ou encore toutes ces vertus à la fois. Plus un homme est développé, plus il lui est demandé : la guérison doit être la récompense du libre essor de chaque partie de son être. Il ne s'agit pas autant de guérir à tout prix, de ne plus souffrir et d'être heureux, que de le mériter.

Ne croyez pas qu'un acte de foi suffise toujours. Il est des natures spécialement dévotionnelles, des *Bhakta* chez qui le sentiment, l'élan mystique (bouddhi) fera des miracles. Cependant pour un grand nombre de nos contemporains, l'adhésion de la raison (Manas) et de l'intelligence, bien que lente et lourde à manier, est indispensable. A défaut de celle-ci, ils se trouvent déséquilibrés et cette fois c'est la guérison qui n'est qu'illusoire.

Encore une fois, l'essentiel n'est pas de guérir,

mais d'acquérir le bien moral que la maladie enseigne.

Nous croyons que les « Scientistes chrétiens » et
tous les exploiteurs du pouvoir mental et spirituel,
détiennent parfois une grande puissance, un courant capable de supprimer bien des maux. Mais
savent-ils toujours en user, quand et comment ?

Purs et inspirés, leur intuition les empêchera
de nuire, mais dans d'autre cas, l'emploi arbitraire
de ce pouvoir occulte est dangereux.

Toutes les méthodes imitées de la *Yoga*, respirations, concentrations de la pensée, méditations
sur le plexus solaire, fixations de points, de cercles et autres... sont périlleuses.

La Science chrétienne et les systèmes similaires
guérissent souvent. La guérison peut être stable
et juste, résultat d'une pratique intelligente. Ce
moyen rapide peut aussi être employé par ceux
qui dirigent nos destinées, pour mettre fin à un
*Karma* épuisé. La disparition du mal peut encore
n'être qu'apparente ou passagère. La mauvaise
fortune — le *Karma* — écartée sous une forme
reviendra sous une autre. La loi ne peut être
tournée. Enfin ces cures peuvent être nocives par
l'effet *magique* qu'elles ont parfois sur les symptômes physiques qu'elles suppriment et refoulent
dans le moral (corps astral et mental) empêchant
ainsi un *Karma* finissant, d'être éliminé par la
souffrance physique. Un malade « guéri » dans
ces conditions, retombera dans ses anciens errements.

Loin de nous, la prétention, par ces quelques remarques, d'opposer le point de vue théosophique à ceux de doctrines spiritualistes, comme, par exemple, la « Science chrétienne ». Leur action est opportune et bienfaisante. L'angle différent sous lequel elles considèrent les choses convient à nombre d'âmes et est certainement tout aussi juste que le nôtre. On serait vraiment malvenu de critiquer ces serviteurs zélés et sincères. Tout ce que l'on peut faire est de signaler des périls et des écueils qu'un autre champ de vision permet parfois à des voyageurs appareillant vers le même horizon, mais par une voie différente, de distinguer plus facilement.

J'ai voulu dire aussi à des malades irrités et découragés par des formules optimistes intempestives, que l'insuccès de leurs efforts ne tient pas à un manque de foi ou d'énergie de leur part, mais à la manière dont ces efforts ont été dirigés et à l'angle sous lequel la vérité leur a été présentée, et qui ne s'assortissaient probablement pas à la couleur de leurs tempéraments.

Nier et affirmer peut voiler le mal, mais ne le supprime pas nécessairement. Un cavalier dont la selle penche, parce que les sangles se sont relâchées, arrivera peut-être quand même au but, à force de courage, de mépris et d'audace. Il l'atteindra même plus vite que s'il était descendu de cheval pour remettre sa selle en place, ce qui demande de l'expérience et du savoir-faire. Et pourtant, dans le premier cas, s'il arrive plus rapidement, il risque aussi cent fois plus de se casser le cou. Ainsi en va-t-il du malade qui poursuit sa guérison. La réflexion et la patience le retardent sans doute, et cependant, bien souvent, elles

doivent être préférées à la témérité et à la forfanterie.

Un théosophe peut adhérer à n'importe quel
mouvement et en tirer parti. Il peut se soigner à
l'aide de tous les systèmes ou médicaments ren-
contrés sur son chemin. Mais s'il guérit, il ne
dira pas que c'est là de la *médecine théosophique,*
car celle-ci n'existe pas.

* *

De même qu'il n'y a pas de politique, de science.
de religion ou d'art théosophiques, mais qu'il peut
y avoir des théosophes dans tous les partis, toutes
les écoles et confessions, de même il n'y a pas de
médecine théosophique.

Vous n'avez donc, me direz-vous, ni vue originale
sur la nature du mal, ni direction à offrir aux pau-
vres déshérités de la santé, qui viennent recourir
aux lumières théosophiques ?...

Si fait. Les leçons de la Théosophie permettent
au penseur d'explorer toutes les mines de l'opinion humaine avec un profit extraordinaire. Il y
découvrira toujours le métal précieux. Et ce métal est le même partout, bien que différemment
amalgamé. Il est la pierre philosophale. Au fond
de toutes les théories médicales, le médecin théosophe trouvera la vérité semblable à elle-même.
Il ne nous appartient pas, n'étant ni médecin ni
homme de science, de préciser les conceptions
théosophiques en matière de physiologie et de
médecine.

Avec le progrès de notre mouvement, ces précisions seront apportées et ces domaines seront spécialement approfondis. Jusqu'à présent, je ne connais que deux ouvrages théosophiques sur ces sujets (1). J'y renvoie le lecteur qui en retirera un grand profit. Je conseille aussi à tous ceux, malades ou non, qui s'occupent d'hygiène physique et morale et désirent trouver dans leurs lectures, réconfort et guides, de lire certains ouvrages dont les titres sont énumérés plus loin (voir : Bibliographie à la fin de ce volume).

Toutes ces réflexions s'adressent aux malades. Profane, je ne saurais leurs expliquer comment un médecin imbu de principes théosophiques, soignerait leurs cas particuliers.

Au contraire, je peux leur dire comment le malade lui-même peut contribuer ou parvenir a sa guérison, comment, en s'appuyant sur les données et les conseils de la théosophie, il peut supporter dignement son mal, comment il doit en comprendre le sens, dans l'évolution de l'âme.

Je le ferai sous forme de préceptes et de maximes, résumé éthique et pratique des pages précédentes, dédié aux malades théosophes ou curieux des idées de la Théosophie.

Les plus convaincus, confrontés avec l'épreuve, se trouvent souvent désarçonnés. Poussés aux pieds du mur de la réalité immédiate, ils ne savent appliquer leurs principes et, dépités d'eux-mêmes, ils se désespèrent d'autant plus de constater leur faiblesse, qu'ils se croyaient arrivés plus loin. Ils tombent de haut, et la conséquence

(1) *Maladie* et *Santé* par le Dᵣ Auvart.

de leur chute s'exprime soit sous forme de réaction et de désaveu, soit sous celle d'humilité, d'ascétisme excessifs, ou encore de l'une et de l'autre manière alternativement. Le souffrant accuse la Théosophie de l'avoir trompé. Il veut retourner à la « vie simple et spontanée », à la règle commune. Ou bien il se plonge dans la contrition, le renoncement, les traités mystiques dont il veut appliquer les préceptes à la lettre.

Il faut le mettre en garde contre ces chocs, ces retours, ces palinodies et lui éviter des tâtonnements épuisants.

C'est pourquoi ces lignes ont été écrites.


## III


1. Ne dis pas que le fait d'embrasser la Théosophie amène tel ou tel résultat, avant de t'en être pénétré jusqu'à la moelle et d'avoir compris qu'ainsi mêlée à la vie quodidienne, elle n'est pas une explication ingénieuse, mais la substance de ta vie.

2. N'*emploie* pas ta *foi*, comme tu userais d'une drogue pour te guérir. Ne dis point : « Je ne veux plus souffrir. Comment profiterai-je de mes croyances pour arriver à cette fin ? » C'est là un raisonnement égoïste qui ne peut que décevoir. N'estime pas la valeur de l'idée d'après le profit qu'elle t'apporte. La mesure personnelle est détestable et la vérité reste vérité même si elle t'est désagréable et inclémente. Prends-t-en à toi-même.

Juge à froid. Imprègne-toi de théosophie, étudie, médite, observe *au-dessus* de ton mal. Vis spirituellement et ton âme se transformera — et ton corps après elle, si tu le mérites. Ne chasse pas après le bonheur et la santé.

3. Cependant que tes opinions intellectuelles te servent à redresser, à pacifier tes sentiments et à te confectionner une philosophie vécue. L'évolution, la réincarnation, le *Karma*, la constitution de l'homme, la nature supérieure, la voie du perfectionnement, l'amour du *Maître*, le sacrifice, toutes ces admirables doctrines sont là pour te donner le courage et la sénérité.

4. Ce à quoi tu penses, tu le deviendras. Persévère. Le temps est à toi. Les vies t'appartiennent. La nature ne se presse pas. Tôt ou tard, tu posséderas ton rêve. Paisible, heureux, ton désespoir passé te paraîtra risible. Essaye d'en rire dès maintenant. Regarde vers ton avenir. Il s'échelonne en existences nombreuses. Rien n'est perdu.

Chaque effort ajoute une pierre au piédestal sur lequel tu te dresseras maître de toi-même, dans la jubilation de ta puissance.

5. Il y a du divin en toi. C'est lui qui t'assure la victoire. Le divin c'est la félicité. Force-toi. S'il le faut, violente ta nature. Débarrasse-toi de ces noirs pensers, de ton pessimisme et des nuages menaçants de ta fantaisie.

6. Ne perds pas ton temps, ne gaspille pas ton énergie à rêvasser, à laisser vagabonder ton cerveau, à te servir en spectacle les images fortuites de ton imagination. Le moment viendrait où tu n'en serais plus maître. Alors elles t'entraîneront

aux pires névroses. Coûte que coûte, discipline ton mental. L'imagination est une servante zélée que tu dois employer à reconstruire ta vie détruite.

7. Si tu es surmené de corps ou d'âme, sache te reposer complètement et le temps nécessaire. Ne fais rien. Ton ardeur au travail n'est peut-être que tension nerveuse. Calme-toi par l'inaction, la distraction, le bon air, une alimentation saine.

8. Mais ne confonds pas la fatigue avec la paresse. Celle-ci est une pernicieuse habitude. Une fois reposé, occupe-toi de choses réelles soit du monde physique, soit du monde métaphysique. Exerce ta pensée et ta réflexion comme des muscles. C'est en elles que résident tes sauveurs. Ne lis pas de livres qui alimentent trop ton imagination déjà obèse. Lis en qui te détentent et te distraient et d'autres qui consolident et élèvent ton esprit. S'ils t'ennuient, lis quand même. Tu finiras par y prendre intérêt. Fuis la sentimentalité dissolvante. Malade, elle est ton ennemie. Ne t'attendris pas sur toi-même. Ne te complais pas dans l'analyse et les digressions vaines.

Ne vis pas rétrospectivement ou conditionnellement dans le regret ou l'attente, le passé ou l'avenir. Si terne l'heure soit-elle, reste présent et conscient toujours.

9. Reste toi-même. Si tu ne te connais pas, cherche-toi et ayant trouvé ton aplomb, maintiens-toi inébranlablement ferme et indépendant et ne cède à aucune influence étrangère. Emploie *ton* expérience, *ton* instinct, *ton* raisonnement, et fais-leur produire le fruit qui te convient.

10. Cependant ne sois pas orgueilleux. Laisse-

toi aider. Quand il le faut, obéis à ceux qui te soignent. Si tu ne sais dans ce domaine pratique te soumettre, comment le feras-tu plus tard, toi qui aspires à fouler le « Sentier du disciple » où la dévotion aux ordres supérieurs est une condition de progrès ?

11. N'exagère rien. Ne sois ni esclave du docteur et de la drogue, ni celui de la phobie du docteur et de la drogue. Ils te seront utiles en maintes occasions. Ne t'emprisonne pas dans la rigueur de tes principes. Garde-la mesure. Sois sonple et sagace.

12. N'aie pas peur des transformations que tu sens s'opérer en toi. Ne recule pas, ou tout sera à recommencer. Tu joues un acte de transition. Te voici sur le seuil d'une vie nouvelle. Même si la ténèbre est épaisse, appuie-toi sur ton espoir et ton amour de la lumière. Ils ne te tromperont pas.

N'aie pas peur non plus de certains symptômes et sensations insolites et bizarres qui peuvent t'accabler. Ils proviennent peut-être de ton *éthérique* ou de ton *astral*. Ils n'ont rien de mystérieux et d'inquiétant, bien que les autres ni toi même n'y comprennent rien. Répète-toi que tu es leur maître, le chef puissant de tous tes corps et que *toi* tu ne peux être affecté véritablement.

13. Pense aux plus malheureux. Ils n'ont pas tes lumières. Aspire à guérir, aspire à connaître et à surmonter la souffrance, pour leur apporter ta lumière.

14. Si tu es théosophe, tu as des devoirs. Tu n'as pas le droit de souffrir comme n'importe quel

homme. Tu dois faire honneur à ta foi. Pense aux autres tant qu'il est en ton pouvoir. Ton amour pour eux, dès maintenant, et en tout lieu, tu peux le leur prodiguer.

15. Ne te plains pas de la sévérité de ton *Karma*, disant que ton ardeur et ton dévouement à la cause qui t'est chère seraient ou seront immenses si tu étais bien portant ou lorsque tu le redeviendras. Si tu es encore souffrant, c'est probablement qu'ils ne le sont pas suffisamment et que ta nature devait être améliorée.

Il y a toujours des serviteurs si la cause est juste. Ne te crois pas indispensable. L'essentiel c'est que l'œuvre soit faite, non que toi tu la fasses. A présent, ton œuvre c'est ta guérison. Si tu t'y appliques, tu seras un bon théosophe. Il n'y a pas que l'action extérieure. Il y a l'élévation, la pensée, la prière. Prisonnier solitaire, tu peux égaler, surpasser en activité salutaire, altruiste, le tribun sur la place publique. Il y a le temps de la préparation. Il y a les *moments* du rythme. N'envie pas le *Dharma* (le devoir) d'un autre. Accomplis le tien, complètement, joyeusement.

16. Et puis, où n'y a-t-il pas une peine à soulager, un nœud à dénouer, un service à rendre ? Quel est l'état de prostration dans lequel par ton attitude, ton courage, ton rayonnement tu ne puisses, mieux que par tout autre moyen, plaider en faveur de l'idée qui t'est chère.

17. Là où tu es aujourd'ui, là tu dois vivre et croître. Là se trouvent la fleur à cueillir, le fruit à donner. Dans ton malheur, cherche Dieu, trouve Dieu. Que tu sois guérissable ou perdu, que tu

ailles mieux ou plus mal, là, est ton bonheur. Sois
en paix.

18. Tu peux échouer, tu peux retomber, dix,
cent, mille fois. Tu peux rester incapable de con-
crétiser tes idées et d'en être l'apôtre. Tant pis. Pro-
clame-les quand-même. Elles aideront peut-être
de plus intrépides, à les appliquer et toi-même tu
y parviendras dans cette vie ou une vie prochaine.

19. Tes douleurs, tes doutes, tes peines, regarde-
les gisant et s'agitant *sous* toi, en vain, incapables,
de te gagner à leurs lubies. Car tu n'es pas eux.
Demeure dans ta volonté, au sommet de toi-même
Mais prends garde ! Mal conseillée, la volonté est
despote et aventurière. Quels sont ses bons con-
seillers ? La sagesse, la sincérité, le bons sens.
Vouloir décrocher la lune n'est pas un geste divin.
Vouloir danser avant de savoir marcher, pas davantage. Reconnais ce dont ta nature est capable
et poursuis-le. Cela une fois atteint, recule l'objectif et vise-le à son tour. Si le désir et la joie ac-
compagnent la volonté, c'est bien. Sinon, agis
comme s'ils l'accompagnaient. C'est l'occasion
d'adopter la devise de Guillaume le Taciturne :
« Point n'est besoin d'espérer pour entreprendre,
ni de réussir pour persévérer ».

Peu importe que ce soit la raison ou le désir
qui précède. Si c'est la raison obéis-lui de tout ton
pouvoir et le cœur séduit suivra : « La voie et la
vérité se montrent d'abord. La vie vient ensuite » (1).
« Savoir, vouloir, oser, se taire », le précepte
mystique est applicable aussi dans la maladie

(1) La lumière sur le sentier.

N'attends pas que le sentiment te traîne à la bataille. Il est un paresseux sybarite qui préfère s'engourdir dans les moelleux coussins de l'indolence et du moindre effort.

20. Si tu n'es pas théosophe, il est mille manières excellentes de servir le monde et la vérité. Si tu n'as pas d'occupation, prends-en une. Possède un but. Si tu en es à la phase de la jouissance et de la vie scintillante, vise à la plus belle forme, celle qui te donne au maximum le sentiment de la plénitude, de l'épanouissement et de l'accomplissement de ta vie. Choisis cette forme de bonheur et guéris pour la posséder.

21. Si tu es théosophe, ton grand désir, l'astre qui brille à ton horizon, c'est le *service* de cette forme spéciale de la vérité qu'est la théosophie — l'école des Maîtres. Empli de l'espérance que l'heure sonnera où ce degré sera atteint, peux-tu encore dans le fond de ton âme, être triste et découragé ?

22. Fuis l'exaltation. Elle est le contraire de l'enthousiasme. Reste pondéré dans tes appréciations et tes actes. Use du recueillement. Médite sur les vertus que tu veux acquérir.

23. N'accueille qu'avec scepticisme des diagnostics qui ne reconnaissent à ton mal qu'une cause nerveuse ou « psychique ». Toute maladie à une cause morale plus ou moins éloignée. Celle-ci peut avoir disparu mais le mal physique persister. Ne te laisse pas traiter de désiquilibré. Cherche au contraire l'épine organique, les erreurs d'hygiène presque toujours présentes. Vois en elles, la cause présente de troubles d'ordre psychologique. Cela te rassurera. Songe que de petites causes ont de

gros effets et que maintes fois de petits remèdes
en ont d'heureux.

Rappelle-toi que le retour à une alimentation et
a une vie pures et naturelles, est presque toujours
la condition essentielle de ton rétablissement.

24. Si tu es peu atteint, ne perds pas ta bonne
humeur. Cette épreuve passagère t'aura fortifié.
Si tu es chronique, rappelle-toi que « la vie c'est
le courage », le sens de la vie, la lutte. Si tu es incurable, perdu, condamné, demande-toi « Condamné à quoi » ? A mourir ? On ne peut pas mourir.
Mourir c'est changer de vie. Perdu pour quoi ?
Pour le monde, la vie ? Ceux-ci ne sont de la Vie
véritable que d'infimes régions et d'inférieures.

« Incurable » ? Il n'y a pas de maux incurables.
Quelques années de plus ou de moins de maladie,
qu'est-ce dans le panorama de ta vie éternelle ?

Ainsi, toujours, partout, reste *calme*, *libre*, *fort*.

25. Compagnons, malades ! mes frères. Ces réflexions s'accordent-elles avec vos pensées les plus
intimes ? Si oui, elles sont vraies. Si non, elles
en susciteront peut être de plus justes en vous et
vous encourageront à les communiquer aux autres.
Et c'est dans ce don écrit ou oral de la partie la
plus sage et noble de votre être que vous trouverez
encore le plus réel adoucissement à vos maux.

26. Quant à vous qui entourez et soignez les
malades, de deux choses l'une : ou bien vous possédez un naturel doux et compatissant, indulgent
à la faiblesse, attentif aux qualités humaines ; ou
bien vous ne le possédez pas Dans le premier cas,
vous serez les bienvenus au chevet du malade, et
vous le secourrez, le soulagerez.

En reconnaissant et en louant ses efforts et son courage, vous les doublerez. Dans le second cas, je vous le conseille, allez à vos affaires. Ne vous occupez pas de celles des malades ; ceux-ci d'ailleurs vous éviteront, vous, vos théories et vos critiques. Elles les irritent et les aggravent. Quel que soit votre désir de les aider, vous ne les comprenez pas. Au demeurant, vous pouvez être une personnalité supérieure, taillée pour la vie saine et forte. Mais ce n'est pas tant du spectacle de la force et de la vitalité qui lui font défaut, dont le malade a besoin, ni de discours rationnels, ni de l'éclat de l'intelligence ou du talent. C'est la chaleur égale, émanant de la tendresse, de la gaîté, c'est la pitié et le partage tacite ou révélé des intimes désespoirs, qu'il réclame.

Car le même baume panse toutes les blessures : vertu maîtresse, toujours semblable à elle-même, qui éclipse de son rayon chaud et doux les éclairs torrides de la passion comme les superbes comètes du génie — l'inaltérable, l'infinie bonté.

CHAPITRE V

—

## POURQUOI SOUFFRIR ?

> « Ne craignez pas de souf-
> frir ; la clarté de l'enfer
> même vous révélera dans
> la vie, des beautés que vous
> ne verriez pas à la lumière
> de la terre. »
> (C. Jinarajadasa).

## DE L'ATTITUDE THÉOSOPHIQUE DEVANT LA SOUFFRANCE

B. G. : *Bhagavad-Gîta*
V. D. S. : *Voix du silence.*

### I. — DEUX CITATIONS

*Le Bienheureux Krishna.*

« Celui qui, égal au plaisir et à la douleur,
« maître de lui-même, voit du même œil, la motte
« de terre, la pierre et l'or ; tient avec fermeté la

« balance égale entre les joies et les peines, entre
« le blâme et l'éloge qu'on fait de lui ; entre les
« honneurs et l'opprobre, entre l'ami et l'ennemi ;
« qui pratique le renoncement dans tous ses actes ;
« celui-là s'est affranchi des qualités. Quand on
« me sert dans l'Union d'un culte qui ne varie pas,
« on a franchi les qualités, et l'on devient partici-
« pant de l'essence de Dieu ».

« Car je suis la Demeure de Dieu, de l'inalté-
« rable ambroisie, de la justi— éternelle et du
« bonheur infini. » (B. G.).

« Laisse ton âme prêter l'oreille à tout cri de
« douleur, comme le lotus met son cœur à nu pour
« boire le soleil matinal. Ne permets pas à l'ar-
« dent soleil de sécher une seule larme de souf-
« france avant que tu n'aies toi-même essuyé les
« yeux affligés. Mais laisse toute larme humaine
« tomber brûlante sur ton cœur et y rester, et ne
« l'en efface jamais avant que soit disparue la dou-
« leur qui l'a causée » (V. d. S.).

Peu de théosophes ignorent ces textes.

Ils se complètent, se compensent, s'expliquent
mutuellement.

Dans ces deux écrits sacrés : la *Bhagavad-Gîta*
et la *Voix du Silence*, il y a beaucoup de passages
pouvant être rapprochés de l'une ou de l'autre de
ces citations. Elles sont respectivement les expressions les plus frappantes de deux principes en apparence antinomiques, mais en réalité absolument conciliables et dont l'accord est nécessaire
pour diriger la vie de l'homme en voie de progrès
spirituel.

Certains sont effarouchés par la hauteur austère des versets de la Bhagavad-Gita exaltant *Vairagya* — l'indifférence au plaisir et à la peine. Qu'ils fassent suivre cette lecture par celle du passage de la *Voix du Silence*. Celui-ci, au contraire, plein d'une compassion illimitée, déprime des lecteurs d'une nature déjà sensible. Que ceux-là s'en rapportent aux strophes du bienheureux Krishna.

Ces deux voix différentes de la Sagesse semblent être l'une celle de la raison, l'autre celle du cœur, l'une masculine, l'autre féminine.

En les comparant, le simple curieux cessera ses critiques superficielles ;

Le chercheur y trouvera la base éthique de la pensée de tous les siècles ;

Le pratiquant qui veut vivre la « parole », les gardera toutes deux présentes à l'esprit, écoutant tantôt l'une, tantôt l'autre.

Dans les pages suivantes, je me référerai souvent au contexte de ces deux ouvrages. Je les ferai servir d'accompagnement à mon analyse, m'inspirant de leur profonde poésie. Aussi bien, est-ce dans cette matrice de la pensée de notre race — la Sagesse orientale, que notre esprit retrouve sa vraie force générique.

On n'a pas toujours, au milieu de la lutte de l'existence, le sang-froid nécessaire pour agir conformément à ses principes.

C'est au moment de calme et de lucidité, qu'il faut se fortifier dans cette vision plus haute, bétonner ce terrain de son mental et s'y maintenir.

C'est là le refuge. Là, non ailleurs, non chez autrui, est notre guide, notre ami certain : en nous-mêmes.

Et peu à peu l'acte juste, logique deviendra automatique, réflexe, spontané.

Or, ces moments de lutte, ce sont les heures de souffrance. L'attitude en face de la souffrance ne sera pas différente de l'attitude en face de la vie commune. Elle s'inspirera également du sens profond des passages que je viens de citer. C'est pourquoi, voulant préciser l'attitude théosophique devant la douleur, j'ai pris pour thèmes deux maximes se rapportant à la conduite de la vie en général.

Car, en effet :

## II. — LA SOUFFRANCE, C'EST LA VIE EN RELIEF

La vie concentrée, accélérée, douloureusement consciente. Ce n'est pas une anomalie, une excroissance, une intruse. C'est la loi rendue brutalement saillante. La vie ne progresse que par les expériences. La souffrance en est un champ, un laboratoire. Savoir vaincre la souffrance, c'est apprendre sur un clavier restreint, à maîtriser la vie.

Supposons un homme dont les dettes se sont accumulées. La ruine est proche. Il faut subsister. Il tend toutes ses facultés de labeur, d'adresse, de résistance pour amasser l'argent nécessaire. Ces facultés ne sont pas autres que celles mises en jeu dans sa vie quotidienne : Sagacité, énergie, sentiment du devoir, etc... Mais, mathématiquement parlant, leur exposant est plus élevé, leur acuité doublée, triplée.

Il en est de même pour toutes les épreuves. Elles ne réclament pas des traitements nouveaux. Elles ne sont pas des ennemies de l'extérieur à combattre. Elles sont des armes que nous offre la Nature elle-même, notre alliée éternelle. Les saisissons-nous de bon gré, du même coup cette nature cesse de nous terroriser, abandonne ses moyens coercitifs, reprend son visage maternel. Et ces armes nous servent à annihiler notre seul ennemi : *L'ignorance.*

Ces armes que la souffrance met de force entre nos mains, quelles sont-elles ?

Toujours les mêmes. Elles font partie de notre être immortel. Durant sa longue période d'éclosion, elles nous apparaissent comme un fer étranger, lourd à manier, mais en réalité elles sont déjà et deviendront plus encore pour notre conscience future, l'acier même de notre moi véritable : elles sont ces trois forces de la Nature, de l'Homme et du divin : la Volonté, la Sagesse et l'Amour.

La souffrance ne nous apprend-elle pas à supporter, à comprendre, à utiliser, et qu'est-ce d'autre que l'essor de la volonté, de la raison et de l'amour ?

Voilà donc prouvée cette assertion :

L'attitude en face de la souffrance est la même que l'attitude en face de la vie commune.

Nous ne sommes pas abandonnés dans la bataille. Nos aînés de l'esprit et de la connaissance sont là. Le plan de combat toujours répété pour tous les hommes est inscrit dans les textes sacrés. Lisons-les. Mais :

### III. — SACHONS LIRE CES TEXTES

« Celui qui, égal au plaisir et à la douleur,
« maître de lui-même, voit du même œil, la motte
« de terre, la pierre et l'or ; tient avec fermeté la
« balance égale entre les joies et les peines, entre
« le blâme et l'éloge qu'on fait de lui ; entre les
« honneurs et l'opprobre, entre l'ami et l'ennemi :
« qui pratique le renoncement dans tous ses actes ;
« celui-là s'est affranchi des qualités. »

L'indifférence au plaisir et à la peine ! Un visage
égal à l'ami et à l'ennemi ! Le renoncement des
actes ! L'affranchissement des qualités ! s'exclame
le lecteur superficiel.

Une tiédeur hautaine, une *ataraxie*, une séche-
resse de cœur, un orgueilleux égoïsme, est-ce là
l'éthique que vous nous proposez ?

Non. L'indifférence au plaisir et à la douleur,
cette équanimité que poursuit le *yogui*, est l'aboutissement d'un long et pénible développement de
l'être entier. Peu y persévèrent systématiquement,
car la voie est dure. Mais, à un degré variable et
plus ou moins vite, nous devons tous acquérir
cette faculté indispensable. La souffrance nous y
convie, nous y contraint.

« Dans ton corps, tabernacle de tes sensations,
« cherche l'Homme éternel dans l'impersonnel ; et
« l'ayant trouvé, regarde au dedans : tu es Boud-
« dha (« illuminé ») (V. d. S.).

« Les branches d'un arbre sont secouées par le
« vent ; le tronc reste immobile » (*ibid*).

L' « homme éternel » ; le « tronc immobile » ;

le « Parleur silencieux » ; l' « Atman » rayon de
l'âme universelle ; « Christos » ; le « Dieu intérieur » ; le « céleste-né » ; voilà ce *Daimon*, ce Moi
divin qui dans nous surpasse la personnalité, reste
invulnérable, introublé, nous paraît au début,
faible et désert, devient avec les âges, notre vraie
identité.

Alors l'homme est « comme l'Océan qui reçoit
tous les ruisseaux et toutes les rivières. Le puissant calme de l'océan reste immuable ; il ne les
sent pas ». Seules ses pensées, ses volitions Intérieures impressionnent son âme. Le flux et le re-
flux, les « qualités » extérieures des objets du
temps et de l'espace ne l'atteignent plus. Il les a
dépassées, indifférent au plaisir et à la douleur,
pacifié, libéré. Tel est son but.

Nous saisirons toutes les occasions de nous réveiller momentanément de ce cauchemar : la ser-
vitude du soi personnel, de ces « noires tourte-
relles de la mort, les oiseaux de la naissance de la
décrépitude et de la douleur (1) ». Chaque victoire
sera un pas vers l'affranchissement.

Mais à quelle fin cette passivité vis-à-vis du
temporel, des sens et du contingent ? questionne
anxieux, notre critique.

Est-ce crainte de souffrir, pieuse abstention, soif
de bonheur, recherche d'une solitude sans action,
ni réaction ? Est-ce la philosophie de l'égoïsme ?

Non :

« Peut-il y avoir de la béatitude quand tout ce
« qui vit doit souffrir ? » (V. d. S.).

(1) V. d. S.

« ... Quand on a ôté le désir et renoncé aux
« fruits des œuvres, mon décret, est qu'on les fasse
(B. G.).

C'est donc la vision personnelle qui doit dispa-
raitre. La recherche du bien particulier doit faire
place au culte du bien universel : culte de la Loi,
de l'Evolution, de Dieu.

La pacification de l'individu n'a qu'une fin :

Ordonner son être entier de telle façon que
toutes ses facultés dociles et parfaites soient au
service de son moi divin, afin qu'il puisse, grâce à
elles, être un agent des Lois progressives de la
création, secourir et aider la nature et les êtres
vivants avec l'efficacité suprême, étant suprême-
ment désintéressé.

Ainsi, devant sa propre peine, l'homme pourra
observer l'objectivité que d'ordinaire il sait garder
devant les tourments d'autrui. Mais ces derniers,
il les ressentira avec l'acuité que revêt d'habitude
pour lui sa propre souffrance.

Dans cette extrême sensibilité aux peines des
autres et le pressentiment des secours qu'ils réclament, l'homme « libéré » mettra son plaisir.
Car ce n'est pas avec une humeur morose qu'il
combattra, ce n'est pas la tristesse chronique qu'il
se prépare :

« Quand on me sert dans l'union d'un culte qui
« ne varie pas, on a franchi les qualités, et l'on
« devient participant de l'essence de Dieu. Car je
« suis la demeure de Dieu, de l'inaltérable am-
« broisie, de la justice éternelle et du bonheur in-
« fini. » (B. G.)

Voilà la fin de la citation. Voilà le terme du

« solennel voyage ». Avant de l'atteindre, ne pouvons-nous pas goûter à l'ambroisie, à la justice, à
la félicité infinies ? Oui.

A quels moments ?

Aux heures où, plongeant avec courage au fond
de ces « qualités », vidant les coupes des peines
et des joies, nous trouvons derrière les goûts des
breuvages terrestres, l'essence de Dieu dont nous
sommes participants.

Alors notre appétence pour ces saveurs passagères diminue et la soif naît de découvrir sous
elles « l'union d'un Culte invariable », fin de nos
efforts : l'oubli total de nos *moi* séparés.

*<br>* *

J'ai réfuté les remarques du lecteur superficiel.
Mais des objections plus graves s'élèvent parfois
dans l'âme elle-même engagées sur :

## IV. — La voie du perfectionnement

« Pourquoi m'imposer cette loi, ce carcan ? » se
demande-t-elle.  Ne laisserai-je pas libre cours à
ma nature spontanée ? Si je souffre, que je me
laisse donc souffrir ! Sont-ils justes ce conflit, cette
dualité intérieurs, ce contrôle, cette férule de ma
volonté ? Est-il vrai ce chemin où je suis délibéremment entré, à l'écart de la grande route, et sur
lequel aucun recul n'est possible ? »

A ces moments, nous ignorons qui nous
sommes, où nous sommes, pourquoi nous existons. Nous avons, sous la pression des circons-

tances, entrepris de réajuster, de réadapter notre être complexe. Ce travail produit un égarement passager. Que faire? Etre dogmatique. Se dire : « Je sais que ma nature appelée spontanée, l'est en réalité bien  moins que celle par laquelle j'essaye de me redresser. La voix de la  première est plus aiguë. L'autre est la « Voix du Silence ». Je sais que le bât qui me blesse et me pèse, ce n'est en vérité pas ma règle morale, c'est la tyrannie de ma nature inférieure, aujourd'hui révoltée. Je sais que le conflit de ces natures est dans l'ordre des phénomènes, qu'il passera comme passe le raz-de-marée. Je sais que cette crise est salutaire et aboutira à un  niveau plus stable. Et enfin, cette voie est la bonne car c'est la voie de la nature.

Ne croyons pas nous singulariser, parce que nous essayons systématiquement de nous perfectionner, ou que la vie nous y force. Nous ne faisons rien là d'artificiel, d'anormal, de mystérieux.

Nous ne sommes ni victimes, ni élus. Le cours ordinaire des âges entraîne l'humanité de la même manière, par des chocs, des rapides, des accidents analogues, patiemment répétés. Seulement cela se fait beaucoup plus lentement. Les épreuves semblent nous marteler de l'extérieur, impuissants, ballottés, tâtonnants. C'est que nous ne connaissons pas le but de la course. Apprenons-le. Et cet océan où convergent nos destins nous apparaîtra comme une libération Nous voudrons aider la nature. D'agis, nous deviendrons agissants, de passifs, positifs, d'inconscients et inconsistants, fermes et lucides.

Ce perfectionnement n'est pas non plus l'apanage d'une élite : théosophes, yoguis. occultistes. Tous les hommes l'entreprennent. Bon gré, mal gré, ardents ou révoltés, empiriques, intuitifs ou instruits, à des degrés divers, l'homme d'action, l'artiste, le savant, le politique, le financier sont obligés par les devoirs de leurs vocations, de maîtriser leurs natures, d'objectiver leurs goûts pour les utiliser à des fins pratiques.

Que fait l'occultiste ?

1° Il étudie l'idée et le plan transcendants de la nature ;

2° Il fait sienne cette idée. Il se soumet volontairement à ce plan.

3° Il se décide à collaborer à sa réalisation. Il ne profite pas seulement des circonstances. Il les provoque. Il crée la vie. Il se crée.

Tout théosophe n'est pas occultiste. On peut être excellent théosophe sans suivre le « Sentier », « l'entraînement », « la voie étroite », etc.

C'est affaire de tempérament, de conjonctures. Souvent les difficultés amèneront le théosophe à essayer de pratiquer ses principes. Souvent il sera utile de hâter ce moment. D'autres fois, il conviendra de ne pas affronter la lutte.

Car c'est une lutte.

La vie change d'aspect, de raison, de valeur, de saveur.

« Tu dois apprendre la vacuité de ce qui est plein, la plénitude de ce qui est vide. » (V. d. S.)

Un pareil renversement ne se fait pas sans crises, sans désespoirs. Les amorces des jouissances et des désirs anciens perdent de leur

attraction, remplacés par des convoitises plus
nobles, jusqu'à ce que la volonté éclairée et maîtresse, propose elle-même les fruits à cueillir.

Celui qui a perdu tout désir et ne possède pas
encore le savoir, le vouloir et l'amour pur, aura à
parcourir de dures étapes.

Mais s'il n'y avait pas de lutte, ce ne serait pas
la peine d'être théosophe. Nous voulons absolument devenir des outils affinés et propres au service des Intelligences supérieures. Il faut faire le
nécessaire. Dans cette passion, il y a aussi une
joie, fût-elle au prix de la vie.

Nous le voyons : la voie du perfectionnement
n'est pas une torture morale. Elle vise au contraire
à supprimer l'assujettissement à notre être inférieur.

Elle n'est pas anti-naturelle, puisqu'elle est la
vie comprise, aimée, aidée. Elle est la voie que
suivent tous les hommes plus ou moins sciemment. L'occultiste ne cherche qu'à en mieux saisir
le sens, la fin et la règle.

*
* *

Si j'ai négligé d'énumérer et d'étudier séparément :

### V. — Les différents modes de souffrance

Peines du corps, de l'âme, de l'esprit, matérielles
ou morales; douleur individuelle ou collective,
égoïste ou compassionnée, aiguë ou chronique;

c'est que, si leurs espèces sont légion, leur cause et leur remède sont uniques.

Leur cause (1) : l'ignorance, la violation des lois profondes du monde ; une lacune, un manque, un signe *moins*.

Leur remède : la connaissance de la loi, de son mécanisme ; le désir de l'appliquer le mieux possible à combler la lacune.

On peut connaître la vérité, mais refuser d'obéir. C'est alors que commence la vraie souffrance, la férule de la nature.

Une seule chose peut prendre sa place : le consentement volontaire.

Il faut « faire de nécessité vertu », non dans le sens ironique du dicton, mais en neutralisant la passive nécessité par la vertu positive.

Il faut se dire : je comprends que cette vertu est fonction de mon être éternel, que ce qui souffre en moi ce n'est pas lui, « pour qui l'heure ne viendra jamais ». C'est ma personnalité fuyante mon « ombre » passagère. Dès lors, la souffrance perdra de son offensivité, de son amertume. Pas d'emblée, certes. L'habitude, l'héritage, la routine

(1) Je parle de la cause éloignée, transcendante, profonde, non de la cause immédiate. De même pour le remède. Il va sans dire que, s'ils existent et sont connus, les causes immédiates doivent être supprimées, les remèdes immédiats appliqués. La connaissance de la cause lointaine cachée et du remède moral et transcendant, facilite d'ailleurs cette tâche pratique en déterminant une attitude optimiste, résignée et consolante à la fois, devant l'infortune. C'est d'elle seule que je parle ici.

sont là et cette plaie antique : la bêtise humaine.
N'importe ! La Sagesse divine ne trompe jamais
et son rayon finit par fondre les plus opaques
nuées. On vaincra. Avant d'exposer plus en détail
l'apport spécial de la Théosophie au problème du
mal, je voudrais montrer que :


## VI. -- LA RELIGION, LA PHILOSOPHIE ET LA SCIENCE


Ne proposent pas devant le chagrin et le
malheur une autre attitude que celle que j'ai
essayé de décrire, inspirée de la Sagesse antique et résumée dans les deux extraits cités au
début.

La religion nous dit : Remettez à Dieu vos tribu-
lations. Louez-le des épreuves qu'il vous envoie.

La philosophie nous dit : Que votre raison s'ac-
corde avec les lois de nature ; que votre volonté se
soumette à ses décrets.

La morale nous dit : Vénérez les principes innés :
la Bien, le Beau et le Vrai, et faites en les régu-
lateurs de la Société humaine.

Enfin la science dit : la nature conserve et guérit.
L'homme ne peut que faciliter et suivre ses voies.

Ce que l'homme d'église appelle : Dieu ; le philosophe : les Lois ; le moraliste : les Principes ;
le savant : la Nature — c'est une seule et même
chose.

Ouvrons, au hasard, le modèle des livres de
piété : l'Imitation de J. C :

« Je vous rends grâce de ce que vous ne m'avez
point épargné les maux, et de ce qu'au contraire

vous m'avez sévèrement frappé, me chargeant de
douleurs et m'accablant d'angoisses, au dehors
comme au dedans. »

Voilà bien la note chrétienne. Quel en est le
sens profond à notre point de vue?

Le plan divin : la croissance de l'âme ne se
réalise que par les expériences douloureuses de la
vie. Une grande somme de malheurs atteste un
développement plus rapide de l'âme et inspire un
sentiment de respect devant cette loi divine.

L'action de grâce vient d'un cœur qui se sait
distinct de la partie de l'être « frappée au dehors
comme au dedans ».

« Abstiens-toi et supporte », « vis conformément à la nature» disent les maximes stoïciennes:
C'est-à-dire : abstiens-toi du mal qui entraîne la
souffrance, supporte celle qui ne dépend pas de
toi. Le mal qui entraîne pour toi la souffrance
c'est le désir de ce qui ne t'appartient pas. Ce qui
ne t'appartient pas, ce sont les qualités, les conditions, la fortune, ton corps, etc. Ne mets pas
ton plaisir dans ces objets, mais dans ta volonté
propre qui dépend de toi et dans la loi de la nature qu'il faut suivre avec respect et dévotion.
Alors, tu seras un « homme libre ».

« Lorsqu'un homme est victime de son propre
sort, — dit Emerson, le moraliste —. qu'il se
raccroche alors à ses rapports avec l'univers, auquel sa ruine profite. Oubliant le démon qui le
fait souffrir, qu'il prenne parti pour la divinité
qui marche vers un bien universel à travers ses
souffrances, souvent même par ses souffrances...».
Et encore :

«.. Elevons des autels à cette belle nécessité.. qui nous ramène rudement ou doucement à cette perception que la Loi règle toute existence... une loi qui dépasse l'entendement ; qui dissout les personnalités, qui vivifie la nature et qui cependant invite le cœur pur à s'appuyer sur toute son omnipotence. » (*Essais* d'Emerson).

« Par l'éducation rationnelle de nous-mêmes, nous modifions nos idées, nos sentiments, et nous faisons de notre tempérament un caractère.. Notre préoccupation majeure doit être le perfectionnement constant du moi moral.

« Pour trouver le bonheur intime et la santé, il faut donc détourner notre attention de nous-mêmes, et l'intérêt pour les autres.. doit prendre la place de l'égoïsme naturel. » (*Influence de l'Esprit sur le corps*).

Ainsi parle le père de la psychothérapie moderne : le Docteur Dubois.

Des mouvements philosophiques contemporains (La « nouvelle pensée », la « science chrétienne »), ont pris à partie la souffrance, réagissant contre le penchant de s'y complaire, de la poétiser excessivement :

Le mal est une notion subjective, disent-ils, une erreur de la pensée, la matière n'est qu'ombre, cauchemar. Réveillons-nous à la lumière de l'esprit, seule réalité parfaite et toute puissante.

N'est-ce pas une chose réconfortante d'entendre aux grands moments de l'existence, devant la douleur, la pitié et la mort, d'entendre toutes les voix chanter à l'unisson, tous les credos religieux ou laïques énoncer la même règle, prodiguer la

même consolation. Aux heures solennelles, elles se
démasquent, et nous révèlent leur identité.

Et que proclame ce plain-chant ?

Il y a quelque chose surpassant le phénomène —
douleur. Les vicissitudes de la vie tiennent à la
forme éphèmère. Ce quelque chose : Dieu, Loi, Principes, Nature, Esprit — doit être objet de vénéra-
tion. Nous pouvons nous unir à lui. Le mystique
*aime* Dieu, le philosophe *connaît* la loi, le moraliste
*obtempère* aux injonctions de sa conscience et le
savant aux préceptes de la nature.

Tous reconnaissent la sagesse de cette Cause
suprême.

La Théosophie, en nous apprenant que ce principe supérieur nous pouvons le connaître, l'aimer
et le suivre parfaitement, car nous sommes participant de son essence, qu'il est réellement nous-
mêmes, la Théosophie ajoute quelque chose à la
foi, à la philosophie, à la morale, à la science.


### VI. — Qu'ajoute la théosophie ?


Si j'ai tardé a donner de la souffrance cette interprétation spécifiquement théosophique et à
définir *l'attitude* qui en découle, c'est que, il faut
toujours le répéter : de même que l'on peut avoir
devant la souffrance une attitude vraiment théosophique sans être théosophe, *socialement parlant*,
de même on peut être théosophe sans croire ni
à l'Evolution, ni à la Réincarnation, ni au *Karma*.

Or, c'est de ces trois doctrines familières aux
étudiants plus intellectuels et curieux, que je veux

parler. Oui. Qu'ajoute l'Enseignement détaillé de la Théosophie à la mentalité moderne, sur le chapitre spécial de la douleur ?

Je crois qu'elle l'enrichit avant tout :

D'une conception cosmogonique du monde ;

D'une compréhension transcendante de l'homme ;

D'un désir nouveau résultant de cette conception et de cette compréhension.

Ces données nouvelles assouplissent, élèvent, transforment la conduite de l'homme en face de la souffrance.

L'occultisme n'est pas un système idéaliste plus ou moins intuitif et empirique. C'est une science rigoureuse dans ses méthodes, ses résultats et ses conséquences.

1° Elle donne de la constitution cosmique et de la généalogie de l'homme des idées logiques et précises ;

2° Comprendre l'être humain, ce n'est pas se montrer psychologue plus un moins adroit, c'est scruter par des moyens objectifs quoique hyperphysiques et subtils, la composition de l'homme intégral, et ses facultés transcendantes ;

3° Enfin le désir nouveau suscité par cette étude et par la vision qu'elle sugère, n'est pas non plus un regard humide vers les nues, c'est une aspiration ardente basée sur la raison et l'intuition, aspiration qui détermine l'homme à adopter une ligne de conduite exactement tracée, ayant ses jalons, ses exigences, ses conditions inéluctables.

Conception vaste, compréhension transcendante et désir nouveau naîtront principalement de la connaissance de ces trois lois enseignées par les

Théosophes : L'Evolution — La Réincarnation —
Le Karma.

I. — A plusieurs reprises, dans les pages précédentes, j'ai nommé l'Evolution.

C'est que ce terme est devenu courant. L'idée qu'il exprime n'est pas toujours la même. Cependant elle n'est plus très éloignée de la conception théosophique de la Monade divine s'éveillant graduellement à la soi-connaissance à travers les formes des règnes de la nature et, *individualisée* dans l'homme, remontant *consciemment* à sa source divine. Cette théorie abstraite peut-elle être reconnue exacte par le sentiment, l'expérience intérieure ? Et quand ?

Le Divin est en nous, est nous. Quand, par un essor de la volonté ou par un dédoublement naturel, au paroxysme de la douleur, nous nous haussons au-dessus de son objet et nous abandonnons à une Puissance qui nous surpasse, alors nous subissons cette expérience encore imprécise : le divin est en nous, le divin est nous. L'église répudie cette idée. L'église a eu pour mission de fortifier notre conscience individuelle. Elle nous a présenté Dieu comme une entité extérieure, différente, qu'il faut aimer sans pouvoir jamais participer de son essence... Cette conception doit changer. Toutefois, l'individualisme est si accusé de nos jours, que la proposition : « *nous* sommes divins » risque d'être mal comprise. C'est cette mésinterprétation que craint l'Eglise et qu'elle partage malheureusement. Car « nous », ce n'est pas la personnalité périssable. C'est la monade, c'est le devenir intérieur, l'homme spirituel. Il ne

souffre pas, il s'éveille à travers les siècles. Il est
la fleur qui éclot, déchirant les feuilles du bour-
geon. L'irrésistible germination de ce moi divin
est de plus en plus sollicitée par l'élan volontaire
vers le soleil de l'Esprit, la substance mère d'où
nous sommes sortis.

Voilà ce qu'est Dieu pour la Théosophie.

II. — Pour mûrir ce germe, il faut le temps, l'espace, l'épreuve. Il faut des naissances réitérées
dans des corps matériels.

La croyance dans la Réincarnation modifie considérablement notre manière d'envisager la souffrance.

La Vie véritable se déroule sur le plan de notre
âme immortelle. Ce que nous appelons la vie,
c'est l'une des multiples journées que cette âme
vient passer dans des corps mortels, journées destinées à lui apprendre la Loi et à en faire un agent
de cette Loi. Il y a des jours clairs, gris, sombres,
longs ou courts. Mais immanquablement après
l'ombre revient la clarté. Infailliblement, le cours
de cette séculaire existence se dirige vers la lumière.

C'est le sens même du monde et de l'être.

Quelques heures, quelques années, une vie de
souffrances, c'est un court instant, un fléchisse-
ment, une côte ardue sur le chemin ascendant. Je
sais bien : celui qui souffre ne mesure plus d'après
le temps. Il croit vivre l'éternité dans une minute.
Cette impression se modifiera peu à peu. A force
de souffrir, l'homme plus avancé, éprouvera bien
ce sentiment d'éternité au fond du malheur, mais
au lieu de l'assimiler à ce malheur et de dire : « Je

suis éternellement malheureux », ce sentiment lui permettra au contraire de comprendre l'éphémère de son mal et de dire : « Je suis éternel, mais mon mal est passager ».

Un être affectionné vous quitte à jamais ? Non point. Si le lien fut fort, vous retrouverez votre ami à travers les siècles ; vos destinées s'enchevêtreront. Les absences de l'un ou de l'autre ne sont que momentanées.

Quelqu'un nous blesse profondément ? Nous souffrons. Qu'est cela ? Une phase fugitive de nos rapports avec ce personnage. Lui aussi, nous le retrouverons, cette fois pour en recevoir du bien, pour l'aimer peut-être. Car les rôles de la Grande Comédie sont variables.

Notre vie est tronquée, imparfaite, décevante ?

Des lendemains nombreux s'échelonnent pour nous dans notre avenir. Ce que nous apprenons, désirons, planons aujourd'hui, nous en profiterons, l'obtiendrons et le réaliserons demain. L'immuable loi met l'apaisement après l'orage, le repos après la lutte. Nos larmes seront toutes séchées.

Nous sommes tombés ? Notre existence est perdue, sordide, brisée ? Qu'est-ce ? Un faux pas dans le long cheminement. La garantie d'une plus grande prudence future. Redressons-nous. Modelons l'avenir. Seul le gouffre effraie. Il n'y a pas de gouffre quand il y a la connaissance, lorsque l'on sait que ce que l'homme veut il le peut, car le temps est à lui.

Comment sait-on cela ?

III. — La Loi de Karma nous l'apprend :

« Car il est écrit : Enseigne à fuir toutes causes ;
quant à l'onde de l'effet, comme la grande vague
de la marée, tu la laisseras suivre son cours. »
(V. d. S.).

Notre destinée à venir est l'onde résultant des
causes actuelles. Ces causes, nous sommes libres
de les déterminer à notre gré.

Notre destinée présente est, de son côté, l'effet
résultant de causes antérieures.

Ces remous devons-nous les subir sans pouvoir
les modifier en rien ?

Non, certes. Nous pouvons les atténuer, les neu-
traliser, plus même : les transformer. Nous pouvons, si nous nous y appliquons avec une ténacité
systématique et persévérante, transposer la souffrance en joie, le mal en bénédiction.

Un exemple : Supposez que le sort vous oblige
à partager votre existence avec une personne de
goûts et de caractère opposés aux vôtres. Votre vie
en est empoisonnée. Nous avons vu par quelles
paroles les hommes, de toutes parts, nous con-
seillent : La religion vous prêchera : « Réfugiez-
vous en Dieu ». Le philosophe vous exhortera :
« Supporte. Mets ton intérêt ailleurs ». Le moraliste vous dira même peut-être : « Soustrayez-vous
à cette torture. Chacun a droit à la liberté ».
Partiellement ils ont raison. En appliquant ces
préceptes vous arriverez peut-être à supporter la
vie stoïquement ou à en escamoter les difficultés.
Votre destin sera-t-il rempli ? N'est-ce pas partie
remise ? Vous croyez-vous vraiment libre ? Si vous
partez, vous retrouverez celui que vous fuyez, sur
votre chemin pendant cette vie ou une prochaine

et dans des conditions plus amères encore. Si vous restez, la situation fausse, l'inconfort moral, la désharmonie sourde se prolongeront presque indéfiniment et une fois peut-être des chocs violents vous contraindront à saisir votre devoir. Quand vous aurez étudié la loi de *Karma*, vous vous direz au contraire : « Si la vie, la naissance, le devoir, quelque sentiment passager m'ont attaché à cette personne, c'est qu'un lien fut noué entre elle et moi dans une vie précédente ; j'ai de quelque façon, commis jadis un acte préjudiciable à son égard.

Elle en a souffert. Je dois réparer. J'observerai les commandements moraux, religieux et philosophiques, afin d'être libre et calme pour agir. Peut-être m'éloignerai-je momentanément. Mais ma tâche est de m'efforcer avec suite et patience à faire du bien à cet ennemi d'antan, à l'aimer comme une âme qui n'attend que de moi ce secours pour s'élever. La pensée est toute puissante. Je serai victorieux. Nos rapports redeviendront normaux, peut-être même affectueux.

Presque tous les problèmes de la vie ont une formule et une solution analogues. Toujours il faut poursuivre et redresser un seul coupable : soi.

Plus le nœud est inextricable et résistant, plus la dette est ancienne et accumulée. Plus l'effort et le courage du patient devront être grands.

Jamais ils ne seront au-dessus de ses forces. Il n'est pas abandonné. Il est guidé avec une ferme et constante sollicitude.

En lui va naître peu à peu, à la faveur des heurts répétés, une raison de vivre plus haute, une im-

pulsion motrice qui lui infusera la force nécessaire à l'héroïque assaut, en lui va naître le désir
nouveau dont j'ai parlé plus haut : le désir du

## VII. — SERVICE

Là, se résument la [illegible] et la morale théosophiques. Le désir de servir la Loi divine, c'est le
désir de créer : c'est le sceau du génie humain proprement dit, et le génie c'est le « nouvel homme »,
l'homme spirituel né de l'homme mortel, celui qui
« ressuscitant d'entre les morts, verra qu'il n'a jamais vécu » (1). Ce désir « génial » est le signe de
notre origine et notre fin divines. Comment
l'homme va-t-il créer ? A l'imitation de la nature,
d'abord ; sous son inspiration ensuite ; enfin en
accord conscient avec elle.

Quelle est cette nature suprême dont je parle ?
C'est tout l'appareil de la Création actionné par
l'immense Hiérarchie d'êtres qui va de la créature
s'éveillant à la conscience, jusqu'à Ceux qui nous
surpassent immensément. C'est le jeu des lois
constructives, préservatrices, évolutives dont le
spectacle compose l'Univers.

Voilà la Nature que l'homme « éveillé » par la
souffrance veut servir.

On appelle ce désir : l'Amour du Bien, l'Amour
de Dieu, le sacrifice. Il est à la racine de tous les
actes bienfaisants des hommes. Seul, il est capable de sauver à la dernière heure.

_______

(1) H. Ibsen.

Le Théosophe sait que cette aspiration s'enfante
infailliblement dans l'âme humaine. Il en connaît
la qualité et la signification. Il en connaît aussi le
développement. L'homme qui souffre devient
conscient dans sa chair et son cœur de ce processus de croissance morale. Doublé d'un théosophe, il pourra mieux encore la provoquer, la
hâter, la favoriser.

Extraordinaire alchimie qui transmue en valeurs universelles les biens personnels, en énergies cosmiques les forces d'un seul, c'est elle qu'il
faut cultiver avec science et foi. La consécration
entière de sa personnalité à ce soin, voilà le *service*.

N'est-ce qu'un engagement envers sa propre
conscience ?

Cela peut être davantage. Les ordres de nos supérieurs spirituels peuvent être formulés par eux
de façon précise. Libre à nous d'y obéir. Mais si
nous entrons à l'école du Maître, il nous faut re-
vêtir la robe du disciple et entendre les règles de
la discipline qui ne tolère pas l'infraction.

Or, ce qui nous pousse irrésistiblement vers
l'entrée du « chemin du disciple », c'est la souffrance.

Ainsi la souffrance est une

## VIII. — INITIATION

L'Initiation fut dans les mystères anciens, —
elle est encore aujourd'hui, une phase de la connaissance des mondes supérieurs. Devant l'initié

un nouveau voile d'illusion tombe. Il est plus près
de la vérité.

Dans la vie courante, bien des événements sont
des reflets de cette illumination.

En vérité, ésotérique ou exotérique, concertée
ou imprévue, consciente ou subie, minime ou
absolue, une initiation à lieu à chaque baptême
de la souffrance, octroyant une vision plus haute
des idées qui président à l'évolution.

Pour celui qui cherche à contempler, à scruter, à reproduire en lui-même ces idées éternelles,
les initiations de la vie ne se feront plus au hasard
des convulsions du désespoir. Son âme ne sera
plus tel un « éléphant fou qui fait rage dans la
jungle (1) » La souffrance lui apparaîtra comme
le témoin de la force propulsive du monde,
comme l'esprit abandonnant une forme pour en
animer une nouvelle. Car vraiment chaque souffrance est une mort.

« Abandonne ta vie, si tu veux vivre » (V. d. S :)
Crucifie l'inférieur, au profit du supérieur.

Le drame de la Passion, cosmique et de tous les
âges, se déroule dans l'intimité de l'être. Le Chemin de la croix, c'est le chemin de l'initiation,
c'est le chemin de la vie.

Si la Passion est l'image de l'évolution, la compassion est celle de l'unité réelle des vivants.

« As-tu accordé ton cœur et ton mental avec le
grand mental et le cœur de tout le genre humain ?... »


(1) V. d. S.

« As-tu accordé ton âme avec la plus grande peine de l'humanité, ô candidat à la lumière ? » Oui ? Alors tu peux entrer... » (V. d. S. :)

Ecoutez aussi cette parabole de Djanalalou'd-Dinou'r, soufi persan :

« Quelqu'un frappa à la porte du Bien-Aimé. »(1) Et une voix de l'intérieur demanda : « Qui est là ? »

« Et le voyageur répondit : « C'est moi ».

« Et la voix dit : « Dans cette maison, il n'y a place pour Moi et pour Toi. « Et la porte resta fermée.

« Alors le fidèle s'en alla dans le désert, jeûna et pria dans la solitude. Un an après, il revint et frappa de nouveau. Et la voix demanda encore : « Qui est là ?

Il répondit : « C'est *toi* » ! « Alors la porte s'ouvrit. »

Ces battants qui s'ouvrent, cette demeure où les deux ne sont plus qu'un, c'est la porte de la connaissance qui accède au plan de l'unité, c'est le Christ dans l'homme, *Bouddhi*.

On n'y vient que par la « Loi des Lois, l'harmonie éternelle, l'à-propos de toutes choses » (2) la compassion.

Tout ce qui vit, souffre. Cette propriété commune qui nous solidarise avec toute créature, est la réflexion ici-bas de notre unité *bouddhique*.

La Compassion fait que l'homme secourable, plus maître de lui que son camarade tourmenté,

(1) Le « Bien-Aimé » c'est l'Initié, le Maître.
(2) V. d. S.

le double, prend instinctivement en celui-ci, la place de son Moi supérieur momentanément voilé, et ainsi le soulage et le sauve, car l'attitude qu'il lui inspire, l'acte qu'il lui conseille, ce sont ceux que cet homme, lucide, eût adoptés lui-même.

Cette sympathie radicale, cet empire du Soi supérieur, nous ramènent aux deux textes sacrés inscrits en épigraphes sur cette étude.

Réunissons-les. Faisons en une synthèse. Elle résumera en une formule pratique, panacée infaillible, tout l'exposé qui précède. Elle ne nous trompera jamais.

« Egal au plaisir et à la peine, Maître de lui-même, l'homme doit laisser toute larme humaine tomber brûlante sur son cœur et y rester jusqu'à ce que soit disparue la douleur qui l'a causée. »

Tel est le remède à son mal, à tout mal. Grâce à lui, l'homme comprendra que

La souffrance est le jeu même de la vie.

et transfigurée, cette souffrance bâtira dans son « cœur secret » :

« La demeure de Dieu, de l'inaltérable ambroisie, de la justice éternelle et du bonheur infini. »

# L'ART ET LA THÉOSOPHIE

—

« Le style c'est la chose ».
VOLTAIRE.

« Le style c'est l'homme ».
BUFFON.

« Le style c'est l'âme ».
R. ROLLAND.

### Tableau I

```
DANSE    1            7  ÉLOQUENCE
ARCHITECTURE   2        6  POÉSIE
   SCULPTURE   3     5  MUSIQUE
                   4
              PEINTURE
```

Ces arts semblent plonger d'abord dans la forme et
la convention, puis remonter vers la pensée et l'esprit.

---

### Tableau II

| | | |
|---|---|---|
| DANSE | — Toutes dimensions | — mouvement |
| ARCHITECTURE — | 4 dimensions | — espace |
| SCULPTURE — | 3 dimensions | — forme |
| PEINTURE — | 2 dimensions | — lumière |
| MUSIQUE | — Temps | — son |
| POÉSIE | — Sens | — rythme. |
| ÉLOQUENCE | — Intelligence | — parole. |

---

### Tableau III

| A) | | B) | |
|---|---|---|---|
| 1. — *Danse* | | 1. — Orient — antiquité |
| 2. — *Architecture* | | 2. — Egypte — Assyrie, etc. |
| 3. — *Sculpture* | | 3. — Grèce — Rome |
| 4. — *Peinture* | | 4. — Renaissance |
| 5. — *Musique* | | 5. — Époque moderne |
| 6. — *Poésie* | | 6. — } |
| 7. — *Éloquence* | | 7. — } Avenir. |

(Les chiffres désignent les époques de l'histoire ou
les périodes d'une seule époque (A).

# INTRODUCTION

—

C'est devenu presque un truisme de dire que le moment n'est pas de deviser mais d'agir.

Ce n'en est pas moins vrai.

Mais avant d'agir il faut connaître le sens de son action.

Avant de marcher, il faut savoir le but de sa marche, et pour l'atteindre, user du bon moyen.

Il en est un : apprendre.

L'étude sérieuse de la Théosophie est indispensable pour qui veut la défendre devant le monde.

Cette attitude n'est pas obligatoire et l'on peut être excellent Théosophe sans cela.

Quant à celui qui se fait champion de l'idée, il doit posséder une culture encyclopédique suffisante.

Un Théosophe ne peut pas tout savoir. Mais il peut développer une pénétration d'intelligence et d'intuition, lui permettant de comprendre et d'approfondir rapidement tout sujet qui lui sera présenté.

En cela, il sera grandement aidé par ses convictions théosophiques et elles seront pour de plus compétents que lui, des lampes dans les ténèbres, des clefs précieuses. -

***

Les opinions des théosophes sur un sujet, peuvent différer. Mais elles ont un air de famille, comme les productions d'un même pays.

Un homme représentatif de ce pays, concentre en lui ses caractéristiques et parle au nom de ses compatriotes.

Un théosophe qui veut s'exprimer *théosophiquement* sur un sujet quelconque, doit chercher, par un effort de réceptivité et d'inspiration, à devenir pour un instant, l'homme représentatif de sa patrie spirituelle et à parler au nom de ses frères.

*<br>* *

Le sujet de l'Art et de l'Esthétique est fort important et discuté.

Une étude à notre point de vue spécial, n'en a pas encore été faite, à ma connaissance (1).

J'essaierai d'en donner ici une vision théosophique.

Mon plan est simple :

J'esquisserai d'abord une Histoire de l'Esthétique ; puis je présenterai une interprétation, une Esthétique théosophique ; enfin j'indiquerai le rôle que la Théosophie peut remplir dans l'Evolution de l'Art.

Je serai loin d'avoir épuisé mon sujet, qui est immense.

Je n'aurai fait qu'exposer des idées.

Puissent-elles vous paraître justes et accordées aux vôtres.


(1) Des conférences de C. Jinarajadasa et de M⁰ᵉ A. Besant en traitent mais sans l'approfondir.

## CHAPITRE PREMIER

—

### APERÇU DE L'HISTOIRE DE L'ESTHÉTIQUE

La question de la beauté et celle de l'art ont été envisagées tantôt séparément, tantôt ensemble.

Elles sont au cœur de l'Esthétique.

Je passerai rapidement en revue les principales opinions qui ont été émises à leur sujet, en classant les auteurs chronologiquement ou par pays.

### LES GRECS

PLATON enseignait que les objets sensibles sont des images reflétées des *idées*, principes d'existence supérieurs, parfaits et absolus.

La Beauté matérielle est un reflet de la beauté réelle des Idées.

L'Âme se souvient des Idées qu'elle contempla avant son incarnation terrestre et c'est cette *réminiscence* qui l'enflamme d'amour, à l'aspect des beaux objets, des beaux corps.

L'idée du Bien se confond avec celle du Beau (un seul mot sert à les désigner en grec : Kalokagathon).

***

ARISTOTE dit que l'objet de l'art est de s'inspirer

du principe qui est la réalité intérieure des choses (Entéléchie).

Le plaisir esthétique vient de la reconnaissance dans les choses, de cette âme spécifique et de la ressemblance entre l'objet et son imitation de la part de l'artiste (Mimesis).

*.*

PLOTIN enseigna que la matière reçoit la beauté par son union avec une *forme*, une idée.

Pour obtenir la vue de la Beauté des Idées, des vertus morales, l'âme doit se rendre belle elle-même.

Purifiée, elle retrouve son essence divine et s'élève à l'Intelligence (Nous)

La beauté absolue, égale au Bien, ne peut être contemplée que par la vision spirituelle, l'*extase*.

*.*

SAINT AUGUSTIN remonte aussi à la source de toute beauté matérielle : la beauté divine.

L'harmonie, la mesure, l'ordre stellaire, la richesse des règnes de la nature, tout doit élever nos pensées vers leur Créateur.

## LES ANGLAIS

Les philosophes anglais du xviiie siècle, qui s'occupèrent d'Esthétique, restèrent dans le domaine de l'empirisme et de l'analyse psychologique.

*.*

ADDISON. — Le chef de l'école voit l'origine du sentiment esthétique dans la nouveauté et l'inattendu.

*.*

BURKE la place dans l'instinct de sociabilité, de génération, de conservation.

* *

REID appelle le goût une faculté de l'esprit de découvrir la beauté, au même titre que le sens gustatif apprécie la *bonté* des aliments.

Il ramène le phénomène esthétique à la théorie du jugement chère aux philosophes écossais :

Pour qu'un objet soit jugé beau, il faut : 1° que le sentiment de la beauté préexiste dans notre esprit ; 2° que l'objet possède des qualités propres à éveiller ce jugement.

## LES FRANÇAIS

Parmi les écrivains français du xviii° siècle :

BOILEAU estime que l'artiste est celui qui clarifie ce qui n'est pas clair et précise l'imprécis.

C'est cette *clarté* apportée aux représentations de l'esprit, qui constitue le plaisir esthétique.

La netteté est le principe du beau, comme elle est celui du vrai (« Rien n'est beau que le vrai »).

* *

DU BOS pense que l'art et la jouissance qui en découle, ont pour cause, l'activité agréable des énergies de l'âme.

Rien n'est contraire à l'esprit humain comme l'inoccupation de ses forces.

* *

D'ALEMBERT, reprenant la théorie de la *mimesis*, conclue que le plaisir que procure la ressemblance entre le modèle et sa copie par l'artiste, compense l'éloignement de l'objet réel, ou en supprime l'effet pénible, si l'objet réel est déplaisant.

## LES ALLEMANDS

BAUMGARTEN fut le fondateur de l'esthétique moderne, en faisant paraître (en 1735) son ouvrage *Esthetica*.

Il distingue la connaissance logique, qui a pour objet la vérité, de la connaissance *esthétique* qui a pour objet la beauté.

La beauté, c'est la perfection saisie par les sens, la correspondance des parties entre elles et leur rapport avec l'unité de l'ensemble.

*<br>**

L'Esthétique de KANT est une partie de sa philosophie.

La plus haute forme de sensibilité est la *capacité de jugement*, qui évalue d'après la valeur finale, utilitaire de l'objet.

Mais il faut distinguer entre l'évaluation logique, qui reconnaît l'utilité purement objective des choses, et l'évaluation *esthétique* qui reste subjective : c'est-à-dire que l'utilité *formelle* de l'objet plaît sans considération pratique.

*<br>**

Selon SCHLEGEL, FICHTE, SCHELLING, l'art est la perception de l'infini dans le fini, de la vérité intérieure, du Moi absolu.

*<br>**

Enfin pour HEGEL la beauté est l'aspect sensible du *Logos*.

## LES MODERNES

Voici pour finir les opinions de trois auteurs plus récents :

TAINE croit que l'art a pour mission de représenter le caractère, le type des objets plus clairement que ne le fait la nature.

L'œuvre d'art, comme tout produit humain, est la résultante de trois facteurs : la race, le milieu, le moment.

***

RUSKIN, le grand apôtre de la beauté, veut que seule, la religion de la nature, modèle divin, guide l'artiste.

Comme Guyau et Tolstoï, il s'occupa aussi du côté social de l'art.

***

L'ouvrage *Qu'est-ce que l'Art?* de TOLSTOI fit date.

A quoi sert l'Art? se demande-t-il.

Sa vraie tâche est d'exprimer, d'exalter la « conscience religieuse » d'une époque.

Or, la « conscience religieuse » de notre époque (chrétienne) doit être l'union fraternelle de *tous* les hommes.

Tout art qui la provoque est de bon art.

Tout art qui n'y contribue pas ou va à son encontre, est de mauvais art.

Presque en bloc, Tolstoï condamne l'art moderne — depuis la Renaissance — comme de « mauvais art » (1).

Ce jugement est outré.

Tolstoï n'en a pas moins vu juste, trop juste, dirait-on.

Car il se place au point de vue absolu, non relatif, et ses conclusions s'en trouvent faussées.

(1) Ruskin, les préraphaélites anglais, Rousseau, émirent des opinions à peu près identiques.

Sa prédication, quelques années avant la crise actuelle, reste, malgré tout, un effort poignant pour sauver le monde.

.*.

Beaucoup d'autres auteurs passés et présents ont écrit sur l'art (1).

Il m'est impossible de les résumer tous.

Ils se classent dans l'une ou l'autre des grandes écoles esthétiques :

L'idéaliste ou métaphysique ou spéculative ;

La dogmatique ou normative ;

La formaliste ou expérimentale ;

L'empirique ou sensualiste ;

L'impressioniste, la naturaliste, la sociologique, etc.

Le courage me manque de vous énumérer les différentes espèces de beauté, qui ont été cataloguées : beauté esthétique, anesthétique, pseudo-esthétique, le sublime, le joli, le gracieux, la « parsimonia » l'« evidentia esthetica », la « perfectio phaenomenon », etc.

J'ai hâte d'extraire de ces nombreuses considérations, des formules qui les concilient toutes et de les présenter à notre jugement théosophique.

(1) Entre autres : Rousseau, Diderot, Guyau, Véron, Gœthe, Schopenhauer, Wagner, Fechner, Mario Pilo, V. Cousin, Brunetière, Rodin, Bergson.

# CHAPITRE II

## RÉSUMÉ

En somme, ces multiples estimations de la beauté et de l'art partent de deux points de vue en apparence opposés : l'objectif et le subjectif.

Selon le premier, la beauté existe en soi. Elle est une réalité supérieure, une manifestation de l'Un, de l'Esprit, de l'Idée, de Dieu.

L'Art devine, reconnaît, reproduit ce principe supérieur et obéit à ses lois.

Selon le deuxième, le subjectif, la beauté réside dans le moi. Elle est une valeur, une émotion, un jugement de notre esprit.

L'Art est un instinct de création et de sympathie, propre à extérioriser cette activité intime de l'être.

Ces deux définitions sont-elles réellement contradictoires ?

Ceux qui pensent que la beauté témoigne d'un principe de vie extérieure à l'homme, et ceux qui la placent dans sa nature transcendante, ne disent-ils pas la même chose ?

Ceux qui voient l'art comme une reproduction, une révélation des grandes lois cosmiques, et ceux qui n'en font qu'une émanation de la pensée et du sentiment humains, n'expriment-ils pas la même idée ?

Il n'est qu'une vie, qu'une conscience, qu'une réalité,

qu'elle soit extérieure ou intérieure à l'homme, « sur la terre comme au ciel ».

Voltaire qui dit : « le style c'est la chose ».

Buffon qui prétend que : « le style c'est l'homme ».

Enfin Romain Rolland qui écrit : « le style c'est l'âme », ont également raison.

### DÉFINITIONS

Ainsi, au milieu du dédale des doctrines sur la beauté et l'art, nous avons pu trouver deux formules qui les comprennent toutes, car elles sont à la base de chacune, à savoir que :

I. — La Beauté est une manifestation d'un principe plus réel et plus parfait que le phénomène matériel.

II. — L'Art est une création humaine destinée à acheminer le monde vers un état plus réel et plus parfait.

## ESTHÉTIQUE THÉOSOPHIQUE

Examinons maintenant cette définition du point de vue théosophique.

### I. — *La Beauté*.

Quel est ce principe supérieur, plus réel et plus parfait?

### DIEU,

Le Logos.

*Le Logos*, le Verbe — le mot l'indique — est déjà une manifestation d'un être absolu, non manifesté (Parabrahman).

Pour créer, il revêt trois aspects :

Le premier, le deuxième, le troisième *Logos*.

Le Père, le Fils, le Saint-Esprit.

Le Bien, le Beau, le Vrai.

Le Beau est donc en rapport avec la seconde personne de la Trinité, le deuxième *Logos*.

Ce n'est pas un attribut de Dieu, c'est une face de Dieu, *c'est* Dieu même.

Sa nature, enseigne la Théosophie, est double : Sagesse-Amour ; Esprit-Matière ; Vie-Forme.

De là vient le double aspect de la beauté, qui divisa bien des penseurs : beauté morale et physique, spirituelle et formelle, masculine-féminine, intérieure-extérieure.

Dieu rêva le monde. Les *archétypes* sont ses pensées.

L'Ego (comme le savait Platon) peut contempler ces *Idées* dans les mondes supérieurs.

### L'HOMME

L'homme est à l'image de Dieu.

La Monade humaine : Atma-Bouddhi-Manas (1,) reflète la Trinité divine.

Bouddhi répond au deuxième aspect, au deuxième Logos ; le « Préservateur », le Beau.

Ainsi, la Beauté n'est pas non plus un attribut, une faculté de l'homme. Elle en est partie intégrante. Elle *est* l'homme.

Bouddhi, c'est aussi l'intuition, la raison pure, l'unité.

Vous savez qu'à son tour, la Triade Atma-Bouddhi-Manas se reflète, inverse, dans la personnalité : Corps physique, corps émotionnel, corps mental.

Dans ce corps émotionnel, le corps *astral*, nous retrouvons le principe divin : le Beau.

Au fond de nos sensations, de nos désirs, de nos émotions, réside la Beauté, comme au fond de nos pensées gît le vrai, et au fond de nos actions luit le bien.

Ce qui en eux est imparfait, est du domaine temporel.

L'homme est beau, comme il est bon et vrai — en réalité.

(1) Volonté-Sagesse-Intelligence.

### LE SENTIER DU BEAU

Ainsi, pour connaître Dieu, pour naître à la vie spirituelle, le beau est une avenue comme le bien, comme le vrai en sont d'autres.

Le sentier du Beau, c'est le *Bhakti Marga*, le Sentier de la dévotion, qui ne peut être foulé sans que le disciple cultive intensément le sentiment de la beauté.

Le bien, le beau et le vrai convergent souvent, s'entr'aident, s'influencent.

Il y a de la beauté dans l'acte moral, et dans le problème d'algèbre. Il y a de la vérité, de la bonté, dans le beau spectacle.

C'est que chaque rayon est teinté par chacun des deux autres, tout en gardant sa coloration dominante.

Et un moment vient où les 3 rayons se confondent dans leur foyer unique.

### L'ÉVOLUTION

Partout où est apparent le principe d'évolution, il y a beauté.

Gœthe, Kant, Taine, l'ont vu : Un objet est d'autant plus beau qu'il dévoile davantage les lois qui le conditionnent et la place qu'il occupe dans l'Univers. « Une fleur qui ne montre pas ses principes de croissance n'est point belle. »

Le principe d'évolution, nous pouvons l'admirer partout autour de nous. Nous pouvons le poursuivre, le cultiver en nous. Nous sommes alors dans la voie de la beauté.

### II. — *L'Art.*

Cependant l'art est au sentiment ce que la fleur est au mor de végétal.

C'est par l'art que rayonne le plus puissamment la beauté.

« L'art est une création humaine », dit notre définition.

Le terme est général.

L'art est, en effet, l'acte *proprement humain*.

Il est le pouvoir créateur, le sceau divin, l'imagination responsable de l'homme.

On dit qu'un homme fait telle ou telle chose « avec
art », qu'une industrie, une occupation, un sport, sont
de l'art.

Ils le sont, en effet, dans la mesure où l'homme y
manifeste sa faculté créatrice (poétique).

« L'art est un jeu », dit Schiller.

Il est aussi un pont, un interprète, un initiateur,
sous toutes ses formes, de la plus triviale à la plus
sublime.

Il rend la vie plus compréhensible, plus *assimilable*.

Il démontre l'identité de la nature extérieure et de
la nature intérieure.

Il saisit le « caractère », le « type », la « vérité
absolue » (1) : le *Soi* de toutes choses. Il rend « clair
ce qui était obscur ».

Il libère les énergies latentes, refoulées.

Il éternise le fugitif et révèle l'inaperçu.

Il épelle, tout haut, les balbutiements de l'âme...

### UN EXEMPLE FRAPPANT

Un drame représente, à la scène, des événements,
des sentiments qui eussent rempli d'effroi le spectateur, s'il y avait assisté dans la vie réelle.

Ici, il jouit, il reste calme, satisfait.

L'art lui donne le recul, la sécurité nécessaires,
pour apprécier, pour comprendre, pour *participer* de
sang-froid.

L'art lui fait pénétrer tous les sentiments humains.

Il fait de lui, pour quelques instants, un misérable,
un criminel, un désespéré.

(1) Voir chap. I.

Par une *magie sympathique* il lui fait traverser, impunément, les pires épreuves. Et il le rapproche des autres spectateurs dans cette émotion unanime.

Grâce à l'art, nous pouvons goûter à toutes les coupes de la vie et, en connaissant les goûts divers, apporter l'aide efficace, la compréhension salutaire.

L'art transmue, *sublime* la laideur et le chagrin.

La Marche funèbre d'un Chopin, les poèmes d'un Vigny, les toiles d'un Ribera ennoblissent la douleur et même la difformité.

Car « qui son mal chante, son mal enchante ».

## L'INSPIRATION

Qu'est-ce qui inspire l'artiste?

Qu'est-ce qui le pousse à créer?

L'amour.

C'est l'amour le motif de la création du *Logos*.

C'est l'amour — expansion, accroissement, libération de la conscience — qui motive également le travail de l'artiste.

Amour sacré ou amour profane, peu importe, inspirateur du Cantique des Cantiques ou de *Tristan*, de la Sainte Cène ou de la Joconde.

L'Art transforme *Kama* en *Bouddhi* : le passionnel en amour pur, l'égoïste en universel.

Par *Bouddhi*, il nous hausse jusqu'à la personne divine ; le Christ.

## DÉFINITIONS THÉOSOPHIQUES

Nous pouvons donc préciser comme suit, nos définitions de la beauté et de l'art :

I. — La beauté est une manifestation d'un principe plus réel et plus parfait : le Logos, sous son second aspect.

II. — L'art est une création humaine destinée à acheminer le monde vers un état plus réel et plus parfait : l'état divin d'où il émane.

## L'ÉCHELLE DES BEAUX-ARTS

Les beaux-arts sont comme les chefs de file des activités esthétiques partout répandues.

On peut les classer comme suit :

| | |
|---|---|
| 1 Danse | 7 Eloquence (2) |
| 2 Architecture | 6 Poésie (1) |
| 3 Sculpture | 5 Musique |
| 4 Peinture. | |

Ils vont du moins au plus parfait, du moins au plus spirituel, de l'objectif au subjectif, de l'extérieur à l'intérieur, de la forme à la pensée.

La Danse (mouvement) emploie toutes dimensions, le Temps et l'étendue.

L'Architecture (espace) limite l'atmosphère et construit selon 4 dimensions (3).

La Sculpture (forme) fige le mouvement, immobilise l'idée. Elle est régie par 3 dimensions.

La Peinture (lumière) le plus conventionnel des arts, exprime la nature par deux dimensions seulement. Elle invente la perspective. Elle introduit quelque chose de nouveau : la couleur, la vie.

La Musique (son) n'use plus de la forme qui éternise l'idée. Elle opère selon le Temps. Elle agit directement de et sur l'âme.

La Poésie (rythme) s'appuie encore sur la mesure. Mais un élément nouveau intervient : le *sens*, la raison humaine.

L'Eloquence (parole) comme la danse, n'a recours qu'au seul corps humain pour s'exprimer, mais d'une

(1) Y compris la prose, le théâtre, toutes formes de littérature.

(2) Art oratoire (Voir Tableau I).

(3) Parce que le spectateur, pour apprécier véritablement un édifice, doit en avoir la conscience intégrale : c'est-à-dire qu'il doit le considérer ou le *sentir*, à la fois, de l'intérieur et sur chacune de ses faces.

façon toute différente. Elle emploie son organe le plus noble : la voix. C'est le plus grand des arts : la création par le *Verbe*.

La progression des principes respectifs de ces arts : mouvement, espace, forme, lumière, son, rythme, parole, ne rappelle-t-elle pas la naissance et la vie d'un monde ? (Voir tableau II).

Historiquement aussi, chaque époque paraît développer en particulier, l'un des beaux arts.

L'antiquité orientale : la danse et l'architecture.

L'époque greco-romaine : la sculpture.

La Renaissance : la peinture.

L'époque moderne : la musique.

L'avenir : la poésie et l'éloquence.

De plus, à l'intérieur de chaque époque, ces arts semblent s'échelonner, dans leur même ordre de succession.

Une éloquence florissante marque la fin d'un âge. Un essor nouveau de la danse annonce une ère nouvelle (Voir Tableau III).

Cependant, ces arts ne se succèdent pas mathématiquement.

Aussi bien à l'intérieur de chaque époque que sur toute l'étendue des 7 périodes, ils existent constamment et simultanément, bien que l'un d'eux soit spécialement représenté à un moment donné et lui imprime son *caractère esthétique*.

Mais ceci nous mènerait beaucoup trop loin.

Je préfère aborder, maintenant, notre dernier chapitre : La Théosophie dans ses rapports avec l'Art.

CHAPITRE III

—

## LA THÉOSOPHIE ET L'ART

Quelles relations la Théosophie et l'art ont-ils entre
eux?

Quelle influence la Théosophie peut-elle exercer sur
l'art?

### HISTOIRE DE L'ART

En jetant un coup d'œil rétrospectif sur l'histoire de
l'art, on constate qu'elle est en rapport avec celle de
la foi.

Dans l'antiquité, la religion, l'art et la science étaient
réunis.

Peu à peu, ils se sont séparés.

L'art voulut voler de ses propres ailes.

Il découvrit de nouveaux domaines d'inspiration :
l'homme, l'intérieur, la vie quotidienne, la nature.

Le portrait, le roman, le paysage, le théâtre na-
quirent.

Tout art sort du mystère et de la foi.

L'artiste a quitté Dieu et s'est tourné vers la nature
et la matière.

Il y retrouve Dieu — péniblement.

Ce Dieu reconquis, *scientifique*, si j'ose dire, il pourra
de nouveau l'adorer.

Alors la science, l'art, la philosophie, se rejoindront
encore dans la religion.

### ART MODERNE

Aujourd'hui, l'art vogue sans gouvernail, tâtonnant, hésitant.

Ses pionniers sont-ils ridicules parce qu'ils cherchent, ébauchent, se trompent ?

Nous sommes à une époque *primitive* et ridicules plutôt, ceux-là qui méconnaissent l'effort puissant, souvent maladroit qui cherche à nous sortir de l'ornière et à nous porter vers un nouvel équilibre !

Un Hodler, un Matisse, un Peguy, un Ravel ne sont pas plus des décadents ou des « farceurs » que ne le furent Giotto, Palestrina ou les auteurs des *miracles*, au Moyen Age.

Ces critiques faciles ne peuvent, en tous cas, venir des Théosophes qui partagent cette ardeur à défricher des terres inconnues.

Contre le naturalisme, l'impressionnisme, la technique savante du siècle dernier, qui accompagnèrent le matérialisme régnant, des réactions se sont éveillées de toutes parts.

Elles sont complexes.

Elles s'orientent vers la synthèse, la conscience collective, l'altruisme, l'art social.

Elles n'abdiquent pas pour cela, l'individualisme, l'introspection et l'intériorisation :

On communique, on étale son moi...

Ces réactions prétendent à un néo-classicisme, un renouvellement de toutes formes, de tous langages, de tous procédés.

Elles sont panthéistes, naturistes.

Mais surtout, elles sont idéalistes, mystiques, voire religieuses.

La note nouvelle, c'est la curiosité de l'inconnu, de l'inconscient, la *recherche de l'invisible*.

Je citerai quelques noms seulement, d'artistes et de manifestations caractéristiques des tendances novatrices actuelles :

— Ballets russes, rythmique, plastique. Duncan.

— Rodin, Cézanne, expressionnistes, cubistes, futu-

ristes (qui préssentent la 4° dimension et la clair-
voyance).

— Musique russe, musique descriptive, Debussy et
son école, R. Strauss, G. Mahler.

— Formules littéraires récentes (cubisme, simulta-
néisme, unanimisme) Claudel, Jammes, Whitman, Ta-
gore.

— Théâtre, décors nouveaux (Craig, Théâtres du
« Vieux Colombier », de Moscou, Reinhardt).

— Approfondissement de la critique, etc.

Cependant, il manque quelque chose à l'art contem-
porain :

La Beauté.

A sa place fleurissent *l'intéressant*, le *curieux*, le
*hardi*.

La beauté semble avoir déserté notre globe.

Elle est l'ordre, la stabilité, la clarté, l'harmonie.

Où trouve-t-on cela ?

## LA THÉOSOPHIE

La Théosophie nous l'offre.

*Karma* : drame de la justice immanente.

Réincarnation : épopée, pèlerinage des âmes.

Chaînes, rondes et races : évolution, danse architecture cosmiques.

Formes-pensées : structures sculpturales.

Plans supra-sensibles.

Couleurs astrales, *auras* invisibles.

Harmonies des sphères.

« Echelle de Jacob », qui va de la Terre au *Verbe*,
par l'homme, les Maîtres, les dieux, les Hiérarchies.

Règnes sur et sous-humains ; esprits de la nature.

Légendes, contes et mythes réhabilités.

Ecritures saintes de toutes religions, approfondies,
réconciliées...

Messies divins descendant dans la chair.

Mystères, harmoniques occultes de toutes choses.

Fantaisie, imagination, logique, raison, dévotion.

Et ce glorieux calvaire se graduant de la brute à l'initié, du *désir* au *sacrifice*.

Tout cela... et le reste.

Il serait étrange qu'une pareille constellation de sujets n'influençât pas l'art :

La Théosophie peut agir directement et indirectement.

*Directement* : en prodiguant ses croyances.

Mais attention !

L'artiste n'aime pas qu'on lui offre des produits tout mâchés.

Il ne doit pas prendre pour sujets de ses œuvres, des leçons simplement bien apprises.

Il tomberait dans l'allégorie, le plaidoyer, l'illustration.

Ce n'est pas là de l'art.

Il ne s'agit point, dans un esprit de prosélytisme et d'enthousiasme théosophiques, de sculpter des figures représentant la fraternité et la tolérance, de peindre l'Éther ou de mettre en rimes le retour d'un Instructeur divin.

L'art didactique est le plus difficile qui soit.

Il faut s'imprégner des idées et des aspirations théosophiques, se les assimiler, les intégrer à sa propre substance et... les oublier au moment de créer.

Seule, alors, l'inspiration doit impressionner le cerveau de l'artiste, — un cerveau mûri et préparé par l'étude préliminaire, à de plus hautes influences.

Mieux vaut se tromper et dire ce que l'on sent et voit soi-même, que de faire, en bon écolier, une copie artificielle.

Tout est relatif. L'effet salutaire *sui generis* d'une œuvre d'art sur le public, dépend, non de son exactitude *absolue*, mais de l'émotion qu'elle contient.

Tout ce qui est sincère est juste.

Où les plus grands poètes vont-ils souvent chercher la griserie qui, les détachant des contingences vulgaires, libère en eux, des facultés de vision plus vaste et surnaturelle ?

Dans les stupéfiants, l'alcool, les poisons, la névrose.

La foi de l'Eglise semble presque toujours incapable, aujourd'hui, de leur donner cet élan intérieur indispensable.

C'est dans l'affinement psychique, dans l'élévation mystique, dûs aux vues larges, diverses et réfléchies de la Théosophie, dans son éthique, son fervent labeur, que l'artiste pourra trouver maintenant la chaleur nécessaire.

L'artiste futur, lui, riche de *pouvoirs* nouveaux et merveilleux, verra confirmés par l'expérience personnelle, ses rêves, ses intuitions.

L'artiste n'est ni un philosophe, ni un Sage, ni un contempteur.

Il n'est pas l' « homo sapiens », spectateur impassible des jeux et des tumultes. Il descend dans l'arène. Il porte les masques. Il prend part à la comédie. Il est la *lyre offerte aux vents nocturnes*.

Aux risques de se briser, il est le *lieu* de tous les courants des sensibilités ambiantes.

En un sens, il est l'humilié, le honni, le « fils de l'homme ».

Il se sacrifie.

Nous le vénérerons.

Acteur, poète, musicien, danseur, écrivain... génial ou modeste, nous reconnaîtrons en lui, avec égards, le dispensateur de nos joies les plus nobles.

Nous ne le vilipenderons, ni ne le laisserons périr de faim, ni ne l'agacerons par de sottes critiques, nous qu'il sert, qu'il bonifie — qu'il sauve de l'enlisement incurable dans l'obèse matière.

De son côté, il aura la probe, la solennelle conscience de son ministère.

*Indirectement*, la Théosophie pourra agir mieux encore.

Elle modifie le *milieu mental* où puise l'inspiration.

C'est la pensée des hommes qui peuple les mondes supérieurs, de formes, de couleurs, de tons.

C'est notre pensée cristallisée, vile ou incomplète,

que nous contemplons dans l'art qui nous entoure comme en un miroir.

Voulons-nous ressusciter la beauté, vivre encore parmi de belles œuvres qui nous élèvent ?

Pensons juste, pensons fort. Méditons. Etudions.

Les semences de notre intelligence féconderont l'imagination des artistes.

C'est *Manas* qui distingue l'homme.

C'est par Manas que peut renaître un monde plus beau.

# CONCLUSION

—

La conclusion de cette courte étude tient en quelques phrases.

Le bien, le beau, le vrai, — c'est Dieu.

C'est aussi l'homme — essentiellement.

Pour atteindre ce principe divin, il n'est qu'une voie : l'aimer.

L'amour du beau, dans toutes ses manifestations, mène à Dieu, comme l'amour du vrai, comme l'amour du bien.

Le culte constant de la beauté détermine infailliblement l'acte bon et dévoile la vérité.

Si « rien n'est beau que le vrai », il est juste aussi que « la beauté est la splendeur du bien » (1).

**

La Théosophie peut influer sur l'art.

L'art aussi doit embellir la vie Théosophique.

Qu'il rende le travail plus facile, la lutte moins dure !

Vouliez-vous être artiste ?

Soyez bon Théosophe.

(1) Platon.

Vous ferez une œuvre d'art de votre vie et de votre âme.

Ainsi, vous vous rapprocherez du plus grand des artistes, suprême géomètre, plasmateur divin :

Le *Logos* créateur.

# BIBLIOGRAPHIE

(Se rapportant au chap. IV « Comment être malade »
p. 47).


Voici quelques ouvrages qui pourront utilement être
mis entre les mains des malades instruits.

*1. Médicaux :*

> D<sup>r</sup> DUBOIS. — L'influence de l'esprit sur le corps.
>   L'éducation de soi-même.
> D<sup>r</sup> LÉVY. — L'éducation rationnelle de la volonté
>   et ses ouvrages sur l'auto-sugges-
>   tion.
> D<sup>r</sup> EYMIEUX. — Le Gouvernement de soi-même.
> D<sup>r</sup> VITTOZ. — *Le traitement des psychonévroses
>   par la rééducation du contrôle
>   cérébral.*
> BAUDOUIN. — Suggestion et auto-suggestion.

*2. Philosophiques, moraux :*

> B. EDDY. — Science et santé.
> Bibliothèque « New Thought » Ouvrages de Mar-
>   den, Trine, Wilcox, etc.

Dr MOREL. — Le bréviaire du malade.
PAYOT. — L'éducation de la volonté.

3. *Théosophiques* :

A. BESANT. — Le pouvoir de la pensée.
            Études sur la conscience.
A. BESANT. — Introduction à la Yoga.
            Le soi et ses enveloppes.
Dr AUVART. — Maladie.
            Santé.

*Et les ouvrages Théosophiques généraux.*

4. *Mystiques, religieux* :

ALCYONE. — Aux pieds du maître.
JINARAJADASA. — En son nom.
M. C. — La lumière sur le sentier.
BLAVATSKY. — La voix du silence.
            Bagavad-Ghita.
MOLINOS. — Guide spirituel.
            Imitation de J. C.
H. PERREYVE. — La journée des malades.
            Et autres livres pieux.

# TABLE DES MATIÈRES

—

Imprimerie Bussière. — Saint-Amand (Cher).